富池三月三廟會

陽新非物質文化遺產保護中心　編

《富池三月三廟會》編委會

甘寧提督塑像

富 池 三 月

會分布圖

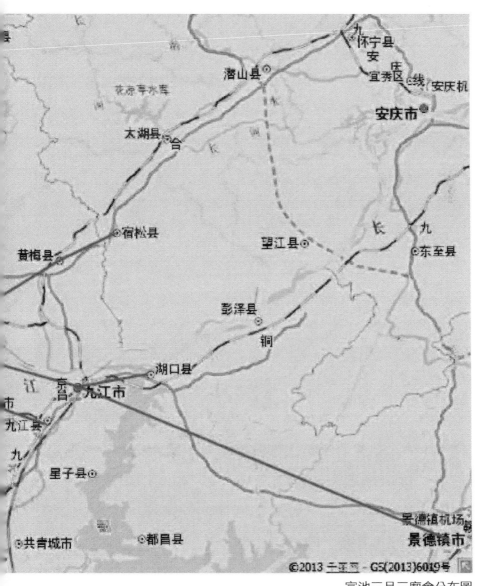

富池三月三廟會分布圖

富池甘寧墓

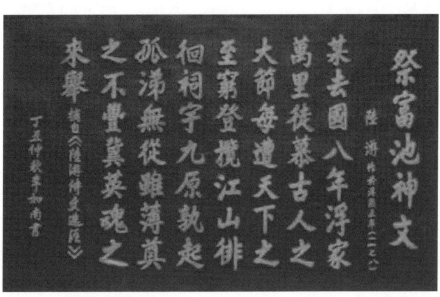

宋·陸游《祭富池神文》碑

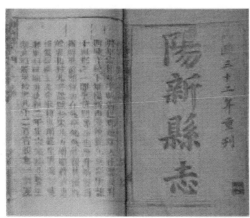

民國版《陽新縣志》有關吳王墓記載

抛　绣　球

廟會歌曲手抄本

甘寧墓清朝碑銘

甘寧墓清朝碑銘（局部）

《甘氏族譜》卷首《略記》

甘寧墓現代碑銘

附碑銘：

甘寧墓復修記

甘寧（163-222 年），字興霸，巴郡臨江人，三國時期吳國大將，被孫權封為西陵太守，折衝（常勝）將軍。因中箭身亡富池拔箭港。千年來，甘寧作為仁毅智信的化身，富池人民建吳王廟以敬祀。

此墓始建於明嘉靖元年（1522 年），清世宗雍正七年（1729 年）續修，設有石獅、石馬、石牆、翁仲碑記及六柱坊，召刻宋、明、清三朝之封旌，布局嚴謹壯觀。經歷史滄桑，靈物、修文蕩然無存，1995 年，富池鎮人民政府將墓遷至甘寧公園，依古風重建，環境靜幽、規模宏大，蔚為可觀。

2008年，勝逢盛世，富池百業俱興，政通人和。此地虎踞大嶺青山，龍吐長江浩蕩，氣象萬千，新景繁盛，乃復修古墓，立碑緬懷。

富池鎮人民政府
二○○八年十二月八日

甘寧公園園門

陽新縣副縣長邱治國（前右四）在調研非物質文化遺產項目時在甘寧公園祭拜
甘寧

原昭勇祠石雕

甘泉碑銘

園內甘泉

甘寧墓（攝於1965年）

甘寧墓牌坊

吳王廟

吳王廟供奉的吳王、娘娘神像

富池三月三廟會前夕為吳王、娘娘洗濯更衣

富池三月三廟會恭請吳王、娘娘遊春

富池三月三廟會轎抬吳王、娘娘遊春賜福①

富池三月三廟會轎抬吳王、娘娘遊春賜福②

富池三月三廟會轎抬吳王、娘娘走村串戶①

富池三月三廟會轎抬吳王、娘娘走村串戶②

富池三月三廟會轎抬吳王、娘娘走村串戶③

富池三月三廟會轎抬吳王、娘娘至陵前就座，接受祭祀

扎彩球①

扎彩球②

扎彩球③

富池三月三廟會搶彩球①

富池三月三廟會搶彩球②

富池三月三廟會搶彩球③

甘寧寺①

甘寧寺②

甘寧寺製作齋飯（燴麵）①

甘寧寺製作齋飯（燴麵）②

普施齋飯①

普施齋飯②

湖北電視臺《壟上行》欄目採訪

新聞媒體報導

祭掃甘寧墓①

祭掃甘寧墓②

祭掃甘寧墓③

祭掃甘寧墓④

富池三月三廟會上的陽新布貼展示

富池三月三廟會上的圖書展示

富池三月三廟會看大戲①

富池三月三廟會看大戲②

富池三月三廟會豐富多彩的文藝演出①

富池三月三廟會豐富多彩的文藝演出②

富池三月三廟會豐富多彩的文藝演出③

富池三月三廟會豐富多彩的文藝演出④

富池三月三廟會傳承人（左起：陳新和、戴志宏、宋炳炎）

富池三月三廟會傳承人柯愛玉（站立者）傳授扎彩球手工技藝

二〇一二年富池三月三廟會民俗文化學術研討會（前排左起：洪登亮、呂永超、鄔維新、周國金、吳志堅、閆玲、向能來）

二〇一三年富池三月三廟會民俗文化學術研討會（左起：石聿海、柯秀枝、呂燕、朱林飛、趙海林、宋炳炎、張炳鑫、陳新和）

湖北省非物質文化遺產授牌儀式

省級非物質文化遺產授牌

市級非物質文化遺產授牌

PREFACE　總序

雷文潔

　　湖北是楚文化的發祥地，歷史悠久，文化燦爛。在漫長的歷史長河中，勤勞智慧的荊楚兒女不僅創造了大量的物質文化遺產，而且創造了豐富多彩、絢麗多姿的非物質文化遺產。這些寶貴的文化遺產，凝聚了荊楚先民的民俗信仰、價值觀念、社會理想與道德追求，不僅是荊楚民眾生生不息、繁衍發展的精神支柱，也是推動當今社會發展進步的重要力量。

　　湖北是非物質文化遺產大省，是全國實施非物質文化遺產保護工程較早的地區之一。十年來，在省委、省政府的高度重視和社會各界的大力支持下，我省非物質文化遺產保護工作取得了可喜成績。已經建立了國家、省、市、縣四級名錄體系，保護機構逐步健全，保護隊伍不斷壯大，保護制度日趨完善，傳承工作成效顯著，社會影響不斷擴大，基層立法和數據庫建設走在全國前列。目前，有人類非物質文化遺產代表作名錄四項，國家級非物質文化遺產名錄一二七項，省級非物質文化遺產項目四六六項；國家級代表性傳承人五十七人，省級代表性傳承人五七一人；現已有五個國家級非物質文化遺產生產性保護示範基地，十九個省級非物質文化遺產生產性保護示範基地，一個

國家級文化生態保護實驗區，十三個省級文化生態保護實驗區和十六個非物質文化遺產研究中心。

從二〇一二年起，湖北省非物質文化遺產保護中心陸續編輯出版《湖北省非物質文化遺產叢書》，系統展示我省非物質文化遺產保護在挖掘整理、項目研究、傳承保護等方面的成果。本套叢書的出版，凝聚著全省非物質文化遺產保護工作者的心血與汗水。在此，向他們表示衷心感謝並致以崇高敬意！

非物質文化遺產是民族智慧的結晶，是聯結民族情感的紐帶和維繫國家統一的基礎。保護和利用好非物質文化遺產，對落實科學發展觀，實現經濟社會全面、協調、可持續發展具有重要意義。加強非物質文化遺產保護工作是各級文化部門的重要職責，是全省文化工作者義不容辭的責任。我們要以更加紮實的作風，更加有效的措施，努力提高我省非物質文化遺產保護工作質量和水平，為推動文化強省建設，實現湖北「建成支點、走在前列」做出積極貢獻。

是為序。

甘寧與富池口

董恩林

　　每年夏曆（今稱農曆）三月初三，在中國古代是漢族和各少數民族共有的全國性節日，主要內容是水邊祓禊除災、祈福求安，後來增加了沐浴求子、男女踏青約會等內容。這個節日起源很早，《周禮》、《論語》等先秦古籍已有記載，自《漢書》以後的歷代正史也有連續而明確的文獻記錄。漢以前這個節日在夏曆三月上旬巳日，故稱「上巳節」，漢代開始定為官方節日，魏晉以後逐漸固定在三月初三，簡稱「三月三」。至今在民間，各民族仍然在這一天舉行各種廟會、郊遊活動。

　　但在湖北省陽新縣富池鎮，三月三廟會則賦予了不同於往古、不同於其他地區的內涵，那就是紀念三國時期吳國大將甘寧。

　　甘寧，字興霸，巴郡臨江（今重慶市忠縣）人，《三國志‧吳書》有其傳。據其傳及《三國志‧吳主傳》，甘寧少年曾為俠盜，先歸依劉表、黃祖，不受重用，最後投奔東吳孫權，屢建奇功，以武勇且有謀略名。他曾對東吳大將魯肅說：「羽聞吾欬唾，不敢涉水，涉水即是吾禽。」「羽聞之，住不渡，而結柴營，今遂名此處為關羽瀨。」又曾夜率百餘勇士襲擾曹操四十萬兵營，不傷一卒而返，孫權因之感嘆曰：「孟德有張遼，孤有甘興霸，足相敵也。」張遼、關羽都是眾

所周知的力敵萬人的名將，可見甘寧在三國時期是與魏之張遼、蜀之關羽齊名的猛將。甘寧仕吳始於建安十三年（208 年）征黃祖，終於建安二十年（215 年）攻合肥。以建安十五年（210 年）魯肅代周瑜任鄱陽郡太守，駐節江陵、陸口（今湖北嘉魚陸水入江口）一帶為界，此前三年甘寧常隨魯肅、周瑜轉戰於荊州、江陵地區，職為副將；此後五年常隨孫權、呂蒙轉戰於今陽新、九江、合肥等地，官拜西陵太守，領陽辛、下雉兩縣，常駐軍富池口地區。陽辛、下雉兩縣處在湖北最東部大別山與幕阜山之間、長江從兩山之間通過的南部地區，與北部的蘄州夾峙長江南北兩岸。而長江從武漢陽邏折向東南，到陽新富池口轉了一個大彎，折向東流，富池口的半壁山好像聳立在長江當中的一道大門，上游和下游的船來到這裡都暴露無遺，無法避繞。所以，在古代以水運交通為主的情況下，特別是三國時期魏、蜀、吳以長江為界爭奪天下的背景下，富池口是長江中游一個十分重要的交通咽喉，是兵家必爭的要塞。甘寧駐軍於此，與長江上游魯肅所駐陸口形成兩道拱衛吳國首都建康（今南京市）的軍事屏障。值得注意的是，宋代陽新籍大學者王質在其《雪山集・富池昭勇廟記》文中曾疑西陵之名有誤，以為西陵遠在宜昌，不可能管轄陽新。其實，西陵郡是東吳孫權設置的行政區，轄區為今黃石、大冶、陽新、通山等範圍，既不是西陵古國名，更不是宜昌西陵峽；古陽辛縣管轄今陽新、通山西部及今大冶全部，故城在今陽新富水鎮，原名陽辛鎮；古下雉縣管轄今陽新縣東北部及黃石市區，故城在今陽新縣楓林鎮下池村，距富池口僅十公里地，當地居民說原本叫「下雉」，後來為便於書寫才改成了「下池」。

甘寧之死，其本傳載之不詳，僅曰「寧卒，權痛惜之」，繫於建

安二十年（215 年）之後。但綜合稽考《三國志》及其他三國史料，不難推斷。建安二十年八月，孫權乘曹操北征張魯之機，親率十萬大軍進圍合肥、皖城（今安徽合肥與潛山縣之間），呂蒙、甘寧、凌統是領軍主將，與魏守將張遼、李典、樂進等展開大戰，時遇瘟疫，將士多病，遂不勝而退。在退兵過程中，大部隊先撤離，「呂蒙、蔣欽、凌統及寧，從權逍遙津北（今合肥東）」以斷後，不料這一情況被魏主將張遼偵知，遂率敢死士偷襲。這次偷襲極為成功，吳軍損失慘重，呂蒙、甘寧、凌統等「死戰」保護孫權得脫，皆「被創」，部屬死傷大半，董襲、陳武等勇將則戰死，傳稱「權哀之，親臨其葬」。此後不久，凌統即「病卒」，三年後呂蒙又「疾發」而卒，可見都是因為合肥之戰身受重傷之故。而甘寧之死也在建安二十年之末，很明顯同樣是在這次戰役中身受重傷，回到駐地富池口後不治身亡。之所以這麼判斷，首先，唐人許嵩《建康實錄》卷一：建安二十年「冬，折衝將軍、升城督甘寧卒」，這是可靠的文獻證據，甘寧八月出征，傷重不治，入冬即卒，與凌統、呂蒙之死軌跡類似，很符合事物發展邏輯；其次，以甘寧之勇與功，如果他死在建康，孫權會像陳武戰死那樣「親臨其葬」，因為孫權對其合肥之戰敗深自疚責，凡是在這次戰役中死傷者都得到優撫，立功者都得到擢升；其三，遍檢三國史籍，建安二十年後再無甘寧任何消息，而從建安十三年至二十年，甘寧連年征戰，英名頻現，正可以說明此後世間再無甘寧的史實。另外，雖然《三國演義》所謂甘寧死於章武二年蜀吳大戰不太可信，因為蜀吳大戰在猇亭，即今湖北宜都、宜昌一帶，甘寧披箭帶傷，不可能奔跑千里到湖北最東邊的陽新富池口而死。但甘寧所死之地在陽新富池口這一點卻值得正視，因為羅貫中不會不知道猇亭與陽

新富池口相隔千里的事實，盡可以胡編甘寧所死之地。他之所以這樣違背地理常識將蜀吳猇亭大戰與甘寧死於陽新富池口連在一起，只能說明甘寧死於富池口在羅貫中腦子中是牢不可破的歷史事實，而其《三國演義》是基本忠於三國史實的。故甘寧病卒於陽新富池口應該是可以肯定的。

甘寧死後葬於何處，史無明載。《明一統志》、《大清一統志》都載甘寧墓有兩處，一在建康直瀆山下，一在陽新富池口。甘寧有兩處墓葬是完全可能的，因為，首先，甘寧死在陽新富池口，在當時戰爭環境下不可能歸葬建康，只能就地安葬。但三國時期，凡在外領兵守城者，家屬大多都在都城，一則相對安全，二則可以牽繫外將。故甘寧死後，為安撫其家屬，在建康另建衣冠塚是情理之中的事。而建康沒有甘寧祠，富池口之甘寧祠則自古有之，且靈異之事屢現，代不絕跡，這只能說明甘寧葬身於此地，因為歷代所記衣冠塚極少靈異頻現而致立祠祭祀的。

富池甘寧祠起源很早，有史可稽。《宋會要輯稿・禮二十》載：「甘寧祠在永興縣富池口鎮。宋太祖開寶六年（972 年），封褒國公；神宗元豐五年（1082 年）十月加號褒國武靈公；高宗建炎四年（1130年）七月，加封昭毅武惠靈顯王；王妻董氏封順佑夫人，並封其二子曰紹威侯、紹靈侯；女柔懿夫人，紹興八年（1138 年）三月別給敕。紹興二十一年（1141 年）十月，加封昭毅武惠遺愛靈顯王。」作為官方檔案記載，這裡所謂甘寧夫人董氏，有二子一女等，都應該是可信的。而宋太祖之所以如此禮重甘寧，是因為北宋平定江南，為感謝神靈保佑而增加江淮神祠封爵，甘寧祠是受封者之一，而非新建

祠；其後繼者及元、明、清統治者無代不封甘寧祠，則是因為甘寧在當地屢屢顯現靈異，備受當地百姓尊崇禮祀。對此，南宋人晁公武《郡齋讀書志》、曾敏行《獨醒雜誌》、洪邁《夷堅志》、陸游《入蜀記》、王質《雪山集》之《富池昭勇廟記》、李心傳《建炎以來系年要錄》、祝穆《方輿勝覽》、元揭傒斯《文安集》之《昭勇廟卷雪樓記》等，都有記載，不可不信。而北宋張耒《柯山集》卷十載其詩序云「自廬山回過富池，隔江遙禱甘公祠，求便風至黃，瀝酒而風轉，日行二百里，明日風猶未已，又風勢徐緩不奔駛。可畏甘公，蓋吳將甘寧云。」其詩云：「江邊古祠吳甘公，往來祭禱嚴且恭。」張耒作為北宋人，不會把五代、北宋新建祠稱作「古祠」，可見甘寧祠最晚應該在唐代就有了。甘寧祠自宋代即稱昭勇廟，王質《富池昭勇廟記》稱是北宋徽宗時所封。

富池口有關甘寧的各種神靈傳說很多，且很早便與上巳節連繫在一起。陸游《入蜀記》卷二載甘寧祠情況：甘寧「神妃封順佑夫人，神二子封紹威、紹靈侯，神女封柔懿夫人，皆有像。而後殿復有王與妃像偶坐，祭享之盛，以夜繼日，廟祝歲輸官錢千二百緡，則神之靈可知也。」可見，今日富池甘寧祠的神靈異象及其祭祀盛況早在宋代已然。清代周旋所撰《續修甘將軍墓記》載：「墓距鎮東三里許，蟻一垤濱江之滸，與祠爭向背，每上巳辰，鎮老幼藉為祓禊，所用大牲，先鼓於祠，舁順佑、柔懿兩夫人，若會稽、若尚書，其子也。以奠將軍墓，貝錦夾道，歲靡費百金。奠墓日，人以手招，鴉邊群集。奠已，祭鴉人持餕肉，曲踽擲而上，群鴉飛飛，從空中攫之，距躍喙張，頗形靈異其他。」這也說明，富池上巳節祭祀甘寧的風俗由來已久。甘寧在富池口的種種顯靈與神異現象，在現代人看來有點荒唐，

但在古代則不一定虛妄，昭示著一定的歷史背景。老百姓不會無緣無故地去祭拜一位逝者，富池口鎮民眾千年不輟地舉行三月三廟會祭祀甘寧，只能說明甘寧在當地人民心目中印象深刻、形象崇高，這既隱含著甘寧生前在當地治績顯著的成分，也折射出他死後當地人民對他的綿綿惋惜和懷念。

正因為甘寧與富池口有著這麼多實實在在的關係，三月三廟會便隨著歷史的演進，逐漸賦予了紀念甘寧的特別色彩，飽含著豐厚的文化積澱，實在是不可多得的文化遺產。

癸巳年十月二十六日識於武昌桂子山耕夫齋

（作者是中國歷史文獻研究會副會長、華中師範大學國學院常務副院長、華中師範大學中國歷史文獻研究所所長、教授）

序二

守護我們的精神家園

陳新華

文化是一個民族的血脈和精神家園。富池鎮是一個有著近兩千年歷史的古鎮，文化底蘊深厚獨特，文化遺產豐富多彩。「富池三月三廟會」，就是富池非物質文化遺產的歷史瑰寶之一。

「富池三月三廟會」非物質文化遺產的整理和申報，既是傳承富池歷史文化血脈，構築我們的精神家園，也激發了富池人的歷史自豪感與認同感。

（一）

任何一個地方都有其獨有的歷史文化積澱。歷史文化的生成、傳播和發展，與自然地理有著密不可分的關聯。

富池，地處長江中游南岸、富河入江口，傍恃網湖、舒婆湖，幕阜山餘脈大嶺山群呈圍抱之勢，這樣的地理位置可謂得天獨厚。長江流域是中華文明的發祥地之一，富河是陽新的「母親河」、富川文明的重要孕育地。冊庸置疑，江河交會區域往往就是人類生存和繁衍的福地，也是文化傳播、交會與繁榮發達之所在。

反觀富池的歷史，可以得到很好印證。北宋詩人王周有詩《富池口》贊富池「山密礙江曲，雨多饒地寒」。富池因其「踞長江鎖鑰，扼鄂贛咽喉」的重要性，歷來是兵家必爭之地。據《陽新縣誌》載：三國東吳名將甘寧為西陵太守，領陽辛、下雉兩縣。南宋時期建炎年間在此設寨屯兵。清代在此設富池口巡檢司，分汛興國州東部十個裡。

　　歷史因此演繹了一段段佳話與傳奇：三國東吳大將甘寧屯兵富池口，宋代文學家蘇東坡題壁「楚江鎖鑰」，南宋愛國名將岳飛鑄劍豐山洞，清末將領曾國藩率水師「鐵鎖沉江」……

　　歷史因此註腳了一處處印記與風情：金戈鐵馬的吳王神廟，歷經滄桑的甘寧墓碑，秋風悲歌的萬人冢遺址，歎為觀止的半壁摩崖，鬼斧神工的袁廣古洞，風情萬種的女兒石階，長天一色的平湖落雁，分外妖嬈的上巢牡丹，世外桃源的大嶺山莊……

　　這些不僅僅是濃縮的歷史記憶符號，更是富池瑰麗厚重、風韻獨特的文化積澱。富池三月三廟會，就是富池獨特歷史沉澱與傳統民族文化相融合的產物。

　　三月三，是漢族及多個少數民族的傳統節日，時在農曆三月初三，古稱「上巳節」。中國自古有「二月二，龍抬頭；三月三，生軒轅」的說法，很多地方在這一天舉行各種規模較大的廟會、水邊飲宴、郊外遊春活動。

　　「富池三月三廟會」有其獨特內涵，賦予了紀念三國時期吳國大將甘寧的重要主題。每逢農曆三月初三，富池周邊區域，主要包括

湖北陽新、武穴、蘄春和江西瑞昌、九江等地，數以萬計的群眾自發聚集在富池甘寧公園，舉行廟會，祭拜甘寧，吃雜燴麵，搭臺唱戲，遊春祈福，場面宏大，熱鬧非凡。

（二）

「富池三月三廟會」作為非物質文化遺產，是一種最古老也是最鮮活的歷史文化，是體現富池軟實力的寶貴資源。保護和弘揚她，對建設社會主義核心價值體系具有重要意義。

「富池三月三廟會」為促進社會和諧提供了文化空間。定期來臨的「三月三廟會」，實質上是人民群眾廣泛參與的文化節日。她既有社會大環境、歷史大氛圍的傳承和烘托，也有地方特色、區域背景的強化和渲染。通過群眾喜聞樂見的形式，為社會和諧、人民歡娛提供了巨大的文化空間，成為人民群眾精神生活與經濟交往的重要方式，積極促進了社會和諧。

「富池三月三廟會」為淳化鄉風民風提供了鮮活教材。她來自對歷史的總結和文化的創造，是地方化的歷史文化教材。她所體現出來的厚重的歷史感和深邃的美學價值，是現行的教材所不可比擬的。她在尊重歷史、尊重前人智慧，膜拜英雄、崇尚勇武精神，弘揚文化、淳化鄉風民風等方面，發揮著不可替代的獨特作用。

「富池三月三廟會」為生態旅遊開發提供了文化支撐。觀光旅遊有了文化內涵，景觀才會變得厚重，景點才會擁有靈魂，物質的景觀才會演變成為文化名勝，才會讓人流連忘返，為人們增添了知識和樂

趣。「富池三月三廟會」承載了不朽的精神和歷史，留下了動人的傳說，其魅力才大放光彩。

　　「富池三月三廟會」為文化建設增添了精神財富。文化是一個民族靈魂之所繫、血脈之所依，是我們共有的精神家園。「富池三月三廟會」歷經千餘年的洗禮與演變，已約定俗成為一種文化活動載體，深深地熔鑄在群眾之中，充分發揮了文化「以文化人」、「以文聚力」的作用，激發了富池人民的歷史自豪感、認同感和歸屬感。在濱江大開發、富池大跨越的今天，我們不正需要這種「軟實力」、「正能量」嗎？！

（三）

　　尊重歷史，才能更好地創造未來。我們對「富池三月三廟會」進行挖掘、蒐集和整理，不僅僅是為了保存歷史，更重要的是延續她的人文精神，讓文化「血脈」流淌起來，融入到新的時代、新的生活中去。

　　首當其衝，我們必須端正對待傳統文化的態度，重建文化自信。魯迅先生教導我們，必須堅持「取其精華，棄其糟粕」。同時，正確認識文化建設與經濟發展的關係。過去，人們常說「文化搭臺，經濟唱戲」。要我說，「經濟搭臺，文化唱戲」才有戲。文化是發展「軟實力」，與經濟比翼齊飛、融入現代生活、提升發展競爭力，這成為時代的選擇。

　　其次，我們必須深懷歷史責任感，做好傳承和保護。非物質文化

遺產是歷史之根、文化之源，確保「根」的給養、「源」的不竭，是我們不可推卸的責任和無上光榮的使命。不僅在形式上，也要在內容上，把她作為我們的精神基因、情感基因和文化符號加以傳承保護。

尤為重要的是，我們必須不斷吸收和借鑑，推進發展和創新。創新是文化的生命線，是文化競爭力的根本。應當與時俱進，不斷吸收現代文化元素，打造響亮名片，滿足群眾多元化的文化需求，培育並彰顯自尊自信、兼容并包、開放創新的富池氣質。務必深入挖掘非物質文化遺產的科學、歷史和藝術價值，充分發揮其在旅遊、教育等方面的重要作用。只有這樣，文化才能轉化為生產力，從而實現文化與發展的良性互動，在富池推進「四化」同步、新農村建設中有所作為，為打造綠色富池、推進沿江大開發提供強大的精神動力。

《富池三月三廟會》文集的成書出版，是弘揚傳統歷史文化的具體行動，著實可喜可賀。該文集為非物質文化遺產申報和評審工作提供了詳盡資料和理論依據，對深入探討「富池三月三廟會」的保護傳承，具有重要的啟示意義。

我們深信，文集出版和「申遺」僅僅只是一個開始，傳承和保護工作並沒有停止，更沒有結束。讓我們攜起手來，共築我們的精神家園，傳承歷史文化血脈，打造文化持久活力，讓多姿多彩的歷史文化之花縱情綻放。

（作者是湖北省陽新縣富池鎮黨委書記、人大主席）

序三　　PREFACE

先有富池鎮　後有興國州

洪登亮

　　「先有富池鎮，後有興國州」是對這兩個相對應的鎮區歷史而言的一句話。富池鎮，據有關文字資料顯示，它至少在三國東吳時期就出現了。甘寧於吳黃武元年（222 年）屯兵富池口，又於吳黃龍二年（230 年）在富池口駐兵守城領守陽辛、下雉二縣，這個時期的富池就是集鎮。而興國州則是在宋太平興國二年（977 年）設州府治所，才建鎮造城於現興國鎮。可見，富池鎮比興國州早了大概七五五年。如果按清光緒十五年（1889 年）《興國州志》記載：春秋時期伍子胥在富池築城。那麼，富池的建城史還要大大向前追溯。然而，興國州早已隨著其早年的州府政治中心地位的確立而名揚海內，富池鎮則因其政治軍事地位的邊緣化而默默無聞多年了。為此，我以這個題目，以引起諸君的重視。

　　興國州作為一個行政管理機構名稱，也已進入歷史檔案。但興國州在現代人的歷史記憶中，是較為清晰的。富池則不然。從某種意義上講，富池的城鎮發展史是離不開甘寧這個歷史人物的，甚至於可以說人們對於富池的歷史記憶，是離不開甘寧的。我們可以從宋以降的有關文獻中看出，無論是名家的詩文，還是民間的傳說；無論是官家

的志書，還是甘寧墓碑的碑記，都說明了甘寧由人而神，由神而聖的民間情緒的衍變，以及朝廷官府對此的推波助瀾。史料上雖然不曾有甘寧在富池口如何勤政愛民的事蹟記載，但有一則甘寧墓前一匹無頭馬的故事，足以說明甘寧的可愛與可敬。據說孫權建都武昌（今鄂州）時，派大將甘寧領兵鎮守富池口。由於連年戰火紛飛，江南江北，百姓困苦不堪。甘寧體貼百姓，立下軍令，張貼告示，行軍過境不得糟蹋老百姓的莊稼，違者當斬。忽一日，甘寧的飼馬官沒有看好甘寧的戰馬，吃了百姓的莊稼。甘寧得知以後，傳令要斬自己的戰馬和飼馬官。飼馬官當即向甘寧求情：「將軍，要斬就斬我吧，這是我的過失。畜生無知，不應同等論罪。」甘寧向來愛兵如子，也愛自己的戰馬。但想到軍令如山，令出法隨。故下令斬了飼馬官和戰馬。甘寧厚葬了飼馬官和這匹無頭戰馬。當甘寧戰死富池後，富池人民為甘寧修造了一座墳墓。且雕刻了一匹石馬立於墓前，不料後來又多了一匹無頭的石馬站立於墓側，傳說是被斬首的那匹戰馬又回到了甘寧的身邊。這當然是一則民間故事，但它生動地說明了甘寧愛民律己的一舉一動。

甘寧守邑無疑是盡職盡責的，富池人民對於甘寧的紀念是對其忠勇精神和護境佑民的感恩反映。當然，一個民俗文化現象的發生，肯定有一定的歷史必然性，亦有著一定的偶然性。譬如說，富池地區連續一千多年的三月三活動，可能就是因為甘寧愛民的實績感動了富池人民，抑或是吳楚時期的一種吳文化因子的遺存與前者的有機結合。這是因為富池恰在楚江之濱，屬吳頭楚尾之地，楚文化的侵染之於它無疑是存在的；那麼，吳文化的三月三修禊遊春習俗之於富池亦是興國地區現在僅存的一個獨特的民俗現象，也就不足為奇了。故而，富

池一帶的人民在甘寧死後的每年三月初三，結伴踏青，祭掃甘寧墓地，漸成習俗。

千年風雨，不知滌除了多少人間的是是非非；可是年復一年甘寧墓地的三月初三踏青活動，綿綿不斷，成為富池民間的一個固定節日，給我們今日有著一個怎樣的啟示呢？也許甘寧生前，亦有著少年般的輕狂，君不見一個「錦帆賊」的聲名陪伴了他的一生。然而恰在他死後「錦帆賊」的特有標誌——錦帆，卻成為了富池人民祭奠他的一種特殊方式。每年三月初三，富池地區總有人以竹竿為帆，飾以紅綠布——植於墓旁，揚於江畔，搖之於風，沐之於雨。這樣，直至衍化為今日每年富池三月三活動中都少不了的蔚為大觀的搶綵球場面。歷史總是起到一個過濾器的作用：不管是誰，生前多麼顯赫，只要你對人民不仁，必將遺下萬世罵名；相反，不管是誰，生前有多少缺點，只要你對人民仁愛有加，必能萬世流芳。

富池三月三活動中，圍繞吳王廟，抬吳王遊春賜福，到甘寧公園參拜甘寧雕像，在古戲臺唱大戲，搶綵球，普施齋飯（燴麵）等一系列民俗活動，已不再是單純地對甘寧一個人的祭奠了。而是通過千百年的文化復加、衍化、迭變，成為了富池當地老百姓的一種信俗、崇拜，甚或是一種道德追求、信仰的寄託了。我想，這些應該是值得祝賀的，更是值得去研究的。

祝賀的不僅是富池三月三民俗活動被湖北省人民政府列入了非物質文化遺產保護名錄，也不單是甘寧以其卑微之身，屢獲萬代膜拜。最值得一賀的是甘寧為富池留下寶貴的遺產，富池人民千百年來為了傳承保護這筆遺產而付出的各種努力，且生發出了理性的光輝。同

時，我們應該下大力氣去研究富池三月三的內在文化涵義，去研究人類社會屢經朝代的更替，甘寧作為一個社會人，在他身上凝聚的人文精神能夠久傳不衰的內在原因何在？

斯人千古，斯風猶存。斯事可嘉，斯地甚幸。今日興國州已然離析為陽新縣、大冶市、黃石市、通山縣四個行政區劃單位，而富池依然是富池鎮。看起來是歷史在開一個小小的玩笑，真是靜者自靜，千年古鎮富池以不變之身，見證著變幻不定的歷史風雲，其實歷史就是這樣不確定而又這樣真實。所幸的是，今日的富池人，以高度的文化自覺，在積極組織富池三月三的非物質文化遺產項目保護工作，而且卓有成效。有一部關於富池三月三的文集正在編輯，在富池三月三活動文集將要付梓之際，我遵囑撰此小文，以作拋磚引玉之用。是為序。

（作者是民俗文化學者、湖北省陽新縣文化體育局局長）

目錄
CONTENTS

第二章　廟會探源

第三章　民俗傳承

附　錄

第一章

廟會概況

富池三月三
廟會概述

尹海霞　石聿海　陳新和

　　湖北省陽新縣「富池三月三廟會」，是每年農曆三月初三，在陽新縣富池鎮舉行祭祀吳王甘寧的盛大傳統民俗活動，是典型的吳越地區「三月三」修禊踏青遺風。信眾跨越鄂贛皖毗鄰地區。據中華民國三十二年（1943年）《陽新縣志》記載，北宋時期陽新就有祭拜甘寧的習俗，確定每年三月初三為掃墓祭祀日。雍正七年（1729年），大清王朝為甘寧造建墓塋，有勒碑、刻石、牌坊。民間把對三國時期吳國大將甘寧（俗稱吳王）的祭祀和古老的三月三春社踏青風俗融為一體，形成延續千年的「富池三月三廟會」。

　　富池三月三廟會，是富池地區民間特有的一項祭祀活動。「三月三」那天，五湖四海的人都前來觀看，在外的富池人，更是不遠萬里都要趕回來參加，人山人海，非常熱鬧。廟會主要包括吳王廟祭拜法事，神像洗濯更衣，吳王、娘娘遊春送福，祭掃甘寧墓，普施齋飯，搶綵球，唱大戲七大系列儀式活動。

吳王廟祭拜法事

富池三月三，自宋以來的約成儀式：第一項，甘寧將軍及夫人神像陵前就座。第二項，獻三牲，即：豬頭、全雞（雄性）及鯉魚（取一條重約三斤之新鮮鯉魚，去其腸雜，用三根竹籤將魚腹撐開擺放）。第三項，誦讀祭詞（全文略），云：「生死佑民命，安危赴疆場。折衝千里敵，前督一桿槍。聞聲蜀喪膽，顧影魏斷腸。」以為甘寧歌功頌德，弘揚正氣。第四項，萬人膜拜。昔日，凡三月三祭祀，皆由當地頭人、紳士及儒士代表（俗稱鄉紳老爹）等共同主持。東漢人稱：「古禮廟祭，今俗墓祀。」此蓋如是。

吳王、娘娘洗濯更衣

三月三將吳王、娘娘神像抬出遊春前，要為吳王、娘娘神像洗濯更衣。

據富池老街的宋炳炎先生（曾參與三月三廟會活動近六十年）介紹：這一儀式，每年的農曆三月初一就著手準備。初二一早，經公推選出的四位男性長者（現時為宋炳炎、胡邦求、黃賜松、吳良正）負責為吳王洗濯更衣；四位女性長者（現時為黃桂云、柯龍英、劉梅、柯盛蓮）負責為娘娘洗濯更衣。負責洗濯更衣的人員，都必須在此之前齋戒三日，沐浴更衣後，再懷著虔誠恭敬之心，為吳王、娘娘洗濯更衣。此時廟堂實行禁閉。

在這個為吳王、娘娘洗濯更衣的日子，人們一大早就來到了禁閉的吳王廟前等候焚香祭拜。在鼓樂鞭炮聲中，四男四女分別為吳王、娘娘上香行祭拜禮，然後小心翼翼地依次脫下神像的衣冠，端上熱水，一人用新毛巾在水中浸潤，然後擰乾，遞到站在神像前的人手上，從上至下，認真地洗濯，如此分工協作直至洗濯乾淨，然後，重新為吳王、娘娘穿戴上乾淨衣冠。初二晚上，將吳王、娘娘從神龕上抬至行轎上安坐好，預備初三早上出遊。在此移轎過程中，鼓樂齊鳴、鞭炮不斷，人們依次行祭拜之禮、絡繹不絕。熱鬧場景一直延至深夜。這一過程，當地群眾謂之「暖轎」。

吳王、娘娘遊春送福

初三早晨七點前，推選出的八位男女長者，先在吳王廟大門口擺放兩張專用八仙桌，把吳王、娘娘神像請出。這時，早已前來的群眾自動祭拜。安排有序的儀仗隊、鼓樂隊、歌舞隊和來自各地的遊客組成的浩浩蕩蕩護送隊伍，在上午七點三十分，便抬著吳王、娘娘出發遊春了。

一路走村串巷，鑼鼓喧天，好不壯觀。吳王、娘娘座駕所到之處，早見各家門前擺上了香案。只待吳王、娘娘的轎子從門前經過，家長便攜帶全家或店主率領全店人員恭敬相迎，燃香，燒紙，放鞭炮，一齊向吳王、娘娘跪倒、祭拜、祈福。人人都想擠上前去抬一抬吳王，摸一摸娘娘，為自己帶來福氣，帶來財運，帶來子嗣，帶來健康。此項活動一般延續至下午兩三點鐘。

吳王、娘娘遊春路線是有講究的。一般由下街頭吳王廟出來，經由老街向上街頭到大閘，回頭到拔箭港。在拔箭港邊，要停下舉行祭拜儀式（此謂路祭）。據說，吳王是死在這裡。儀式過後，隊伍進發至新五隊，經龍靈山莊，再經鎮建築公司至甘寧公園大門口的一彭姓人家門口，再舉行一次祭拜（路祭）儀式。

這期間甘寧公園迎接吳王的隊伍早已等候在這裡，一待儀式結束，便將吳王、娘娘接至公園內，一直送到甘寧墓前。安放在早已為吳王、娘娘特備的兩張八仙桌上。

祭掃甘寧墓

吳王、娘娘於甘寧墓前落座後，公園便在甘寧墓前舉行一年一度的祭拜儀式。「祭拜甘寧墓儀式」是約定俗成的，儀式由公園方負責主持。

首先是主持人簡單介紹甘寧大將軍的生前事蹟及在富池周邊地區的影響。然後虔誠地奉上供品，燃香燒紙放鞭炮。一時間，香煙繚繞，鼓樂齊鳴，響聲震天。十幾、二十分鐘過後，鼓樂鞭炮戛然而止，主持人高聲喊：「向吳王行跪拜禮！」此時，公園前後上下的人們，無論是廣場上、臺階上，還是山坡上、大路上的人，齊齊地面向甘寧墓跪下，並隨著主持人的號令，一齊三叩首。其場面甚是浩大，氣氛肅穆、莊重。人們臉上的虔誠、態度的恭敬，令人感動。禮畢，由當地德高望重之長者，開始宣讀年度祭文。祭文讀完後，交由主持

人送至香爐前焚燒。至此，祭拜儀式結束。

接著，自由祭拜開始。只見有來自富池地區及周邊省市縣的群眾，紛紛依次向甘寧大將軍行禮祭拜。祭拜人群絡繹不絕，燒香、燃紙、放鞭炮，幾個小時都不間斷，直至天黑方罷。

普施齋飯

富池及周邊地區人民每年農曆「三月三」都要舉行隆重的廟會，以紀念勇猛剛毅的甘寧大將軍，廟會間，有「普施齋飯」之舉。

據載，自唐以來，朝廷對甘寧之勇猛剛毅褒獎有加，每每授意地方政府（州、縣）在當地劃定一片山場、若干湖田，並建有房屋，交給家貧無耕作者，照管經營，代兼守墓之職。山場、湖田所出，部分用於自養，餘者用於每年前來祭拜吳王的民眾充飢，不收錢。由於歷朝歷代都很重視吳王，所以「富池三月三廟會」聲勢不斷壯大。及至後來，由於參加祭拜的人數眾多，僅憑朝廷、州縣撥付的公山、公湖所產之餘，已不能滿足普施齋飯之需。為了使多數平民前來祭拜吳王時不餓肚子，而又方便製作，便改齋飯為油麵糊，也叫「齋麵」，後來叫「齋燴麵」。這樣，可根據前來人員的眾寡，隨到隨煮，隨吃隨走。相傳，凡來吃了齋燴麵的人，一年中可以禳災免禍，身體健康。如是，民眾自願來吃的，都自覺留下飯金一元至幾元不等。因為沾喜討吉，許多人吃後，還要為沒有前來的家人帶上一份回去。

甘寧公園內有一口甘泉，是做齋飯的主要水源。冬季的早晨，每

逢天氣陰陰、霧靄沉沉之時，泉裡會冒出一股又輕又白的水汽，把泉籠罩起來；夏季，在烈日當空、萬里無雲之時，這裡清涼極了。站在泉邊，涼氣迅速包圍全身，讓人舒爽。據傳，過去泉池裡自然生長有小魚，它們盡情地嬉戲，似把這裡當成了水中龍宮。一到晚上，這些小魚就躲到青石縫裡。後來，泉裡生養了紅鯉魚，小者尺餘，大者數尺，村裡人相互告誡此為龍，沒有誰撈上來食用。泉水晝夜不停地往外噴湧，來這裡取水的人絡繹不絕，把這清純的活水取回家，是食療的最好資源。有《甘寧泉》詩云：

遺澤人間千萬年，純清玉液潤心田。
天生此處馬跑洞，喜飲陽新第一泉。

吳王、娘娘與民同樂，隨著各項儀式的進行，迎來了整個「富池三月三廟會」的高潮──「搶綵球」。

搶綵球

中華民族，乃文明之祖。自古以來，崇尚「一廉二孝」的傳統美德。《國語‧楚語下》：「祀所以昭孝息民，撫國家，定百姓也。」有宋以來，富池三月三廟會，是鄂贛皖邊區人民重大而影響深遠的民俗文化活動。而搶綵球，則是這個活動中的重中之重。

我國三月三祭祀活動由來已久，祭黃陵、祭孔廟、祭祖宗，婦孺皆知。而富池地區祭祀吳王甘寧，千餘年來則與他處不同。古時祭祀甘寧的活動，內容豐富多彩，蹴鞠（用腳踢球）便是其中的一項。有

趣的是，富池已將這項「用腳踢球」活動演繹為「以手搶球」活動，可謂另闢蹊徑，別開生面。雖然其年代久遠，演變細節難以考究，但其與當地的民俗信仰及文化特點不無關聯。

富池地區以綵球作為祭祀的信物，全國僅有。一樹綵球（360個），聳立空中，令人遐思。球之形，圓也。它寓意功德圓滿，給人以驚喜和快感。古希臘人認為各種形狀，唯圓形最美。球之色，豔也，顏色具有十分強烈的表現性，故常常被人們擇而用之。紅色令人想到火，易激發熱烈的情緒，搶得紅球生男孩；黃色令人想到燦爛的陽光，給人以溫暖的感覺，搶得黃球得財富；綠色令人想到鬱鬱蔥蔥的植物，給人以生意盎然的嚮往，搶得綠球生女孩。球之神，玄也。《詩·小雅·大東》云：「東有啟明（星），西有長庚（星）」。在我國古老的星象學《金星篇》裡介紹了男神太白長庚星和女神張麗華的愛情故事。昔日富池地區流傳三月三搶著紅球生男孩，搶著綠球生女孩，可能來自這個古老的傳說。

亞里士多德說：「美產生於較量、大小和程序。」一樹綵球有大有小、有遠有近、有明有暗、有動有靜，各展其美，令人振奮不已。

唱大戲

一年一度的三月三唱大戲，要連唱三天三夜。吳王和娘娘端坐百姓之間，一同觀看戲臺上由周邊省市縣自發匯聚而來的節目。節目豐富多彩，有安徽黃梅戲、武穴採茶戲、瑞昌花鼓戲、陽新採茶戲、富

池踩蓮船和富池扭秧歌，鄂城的腰鼓隊，蘄州的威風鑼鼓，以及各種京劇曲目。

據年長的傳承人陳新和老人介紹，古戲臺曾題有匾額和對聯，匾額為「仙弄吳歌」，對聯為：「幾回歌舞幾回醉；半日江風半日雲」。古戲檯面朝長江，凡過往富池的船隻，都在戲臺前停船上岸，祭拜吳王。如果遇上「三月三」，就在富池看大戲。客商若遇上急事不能上岸祭拜的，也會面向吳王廟放上一掛長鞭，以表示對吳王的敬仰之情，並祈求吳王護佑平安。

富池三月三廟會的意義與價值

陽新富池地形險要，地勢低窪，水災和戰事之害頻繁，當地百姓的福祉與此息息相關。而作為三國時期神勇無比的折衝將軍甘寧佑民護境事蹟，正適合滿足當地百姓祈福禳災的需要。因此，將祭祀甘寧的吳王廟（昭勇祠）作為重要神祠，便深深地根植在當地民眾的精神文化生活之中。正如吳王廟殿堂上懸掛的「靈鎮江關」匾牌寓意，人們無不祈禱神靈鎮境安民，護佑平安。特殊的地理環境和歷史淵源決定了當地人民群眾的文化形態。

富池三月三廟會，承載著吳頭楚尾鄂東南區域的祭祀習俗、戰神崇拜和三月三節令風情等多種傳統文化的表現形式。它以民俗文化形式，展現了當地人民群眾豐富多彩的文化生活，把民眾對勇猛剛毅的英雄的崇拜，與禳災、祈福的內涵融合在一起，具有十分重大的歷史

價值、民俗價值和現實價值。

　　歷史價值：富池三月三廟會將三月三節令與祭拜甘寧連繫在一起，有利於研究鄂東南地區，幕阜山東端長江沿岸古代節日習俗和當地祭祀文化習俗的起源，以及為吳楚文化研究作出貢獻。可彌補官方正史之類史志典籍的不足、遺漏。

　　民俗價值：帶動當地更多民風民俗和漢民族優秀傳統文化的研究和活動傳承，著力弘揚民族精神，促進民族文化認同。挖掘當地祭祀文化習俗史料，探討民俗沿襲與歷史人物的相互影響和複雜形態。

　　現實價值：廟會規模大，參與人數多，活動內容豐富。對勇猛剛毅的英雄的崇拜，禳災、祈福的願望與節日文化相融合，承載著當地百姓的生活智慧、生活情趣以及祈福求祥的善良願望，對增強社會凝聚力和民族團結具有重要的現實意義。

　　富池三月三廟會，秉存了鄂東南地區人民崇文尚武的文化精神，在鄂東南、贛西北地區群眾中有著廣泛的影響，為當地群眾喜聞樂見，是不可缺少的重要民俗節日和風俗習慣。把古老的祭祀、節令、除疫等多種文化習俗混合傳承，對弘揚優秀的民族文化，滿足當地群眾對民俗節日文化生活和精神文化生活的需求，增強社會凝聚力，構建社會主義和諧社會，有著重要的促進作用。

沿襲千年的
古老習俗

戴志宏

「富池三月三廟會」之由來

富池三月三廟會是沿襲千年的古老習俗。它的形成，與富池人民懷念甘寧的勤政愛民，顯靈救難有關。先講兩個傳說。

傳說之一：三國時期，東吳大將甘寧鎮守富池口，由於連年戰爭，百姓的日子過得很艱苦。甘寧立下軍令：將士不得糟蹋百姓的莊稼，違者當斬。不料，告示不久，甘寧的飼馬官沒有看好戰馬，吃了百姓的莊稼。飼馬官向甘寧求情道：「將軍，要斬就斬我吧，這是我的過失。畜生無知，不應同等論罪。」甘寧素來愛護將士，也最愛自己的戰馬，實在捨不得殺掉，但是想到軍令如山，還是橫下心來，說：「我們不能沒有軍法，有了軍法不能不執行，要不就會失掉軍心，失掉百姓，必吃敗仗。」說完，他流著眼淚親手斬了飼馬官和戰馬。

傳說之二：劉備為報殺弟（關羽）之仇，搬請番王一起進攻東吳，當時甘寧抱病出戰，西元二二二年，甘寧不幸中了番王的毒箭，從馬上跌到河裡而亡。當時，番兵紛紛跳到河裡，想撈屍首請功領賞，不料，天空中突然飛來千百隻烏鴉，撲向番王番兵，驅趕了番兵，之後，這千百隻烏鴉像一把遮天大傘，護著甘寧屍首一直到富池口的一個小港灣。

這天，恰逢富池一個老石匠外出，經過這個小港灣，見到港灣上空烏鴉遮天，便上前察看，認得是甘寧屍首，想起了甘寧對百姓的恩情，於是，流著淚將甘寧身上幾支毒箭拔出（如今這裡稱作「拔箭港」），石匠讓他的兩個徒弟抬著甘寧回府，自己先走一步去給甘寧找墓地。不料，老石匠的兩個徒弟心術不正，想剝下甘寧的戰袍去換銀子，剛一動手，這群烏鴉「哇哇」大叫起來，兩個壞蛋頓時口吐鮮血，一命嗚呼了。於是，老石匠召集鄉親們，將甘寧埋葬在富池大嶺山下，甘寧墓的石門、石牆、石獅和石馬，全是老石匠精心雕成的，那群烏鴉也飛到了大嶺山，日夜守護著墳墓，從不輕易開口叫，生怕吵醒了甘寧。據說，有個貪財的人來盜墓，烏鴉一齊叫起來，百姓們跑到甘寧墓前一看，那傢伙早就死了。原來這群烏鴉都是甘寧的部下戰死以後變的，它們只要開口叫，歹人就會死。所以，當地至今還有「富池的烏鴉不輕易叫」的傳說。

從此，人們為了紀念甘寧，就在江邊建起了一座廟，每到農曆三月三，就自發地在廟前和墓前舉行祭祀活動。到唐代，皇上李隆基下令修葺寺廟，並改名為「昭勇祠」。宋政和二年（1112 年），中宗皇帝冊封甘寧為吳王，蘇東坡親筆題寫了「吳王廟」匾額，後來，陸游

又撰寫了《祭富池神文》。到元代和明代更有許多文人墨客到過這裡，並撰寫詩文，如著名的明「後七子」吳國倫就曾經專門寫詩題詞讚頌甘寧。到了清代，吳王廟已建設得十分宏大壯觀，一進三重，共有一〇八個房間。抗日戰爭時期，吳王廟當時駐紮了一個正規軍和一個保安團的兵力，抗擊日寇。日寇用飛機炸彈企圖炸燬吳王廟，吳王廟竟絲毫未損，人們認為是甘寧的神靈在保佑。遺憾的是此廟在「文革」期間被毀，現在的吳王廟是一九八三年由民間集資重建而成。

吳王千年享祀，過程精彩紛呈

吳王廟（昭勇祠），相傳為三國吳黃武元年（222 年）所建，是專門祭祀吳王甘寧的神祠。一直供奉著甘寧和夫人的塑像。

富池三月三廟會的活動是從吳王廟開始的。三月初二，被公眾推選出來的代表（當地德高望重的人），就準備著為甘寧及夫人沐浴更衣（俗稱洗澡），此時，外人是不能隨便入廟的。三月初三早晨七點多鐘，由代表將換洗一新的甘寧及夫人的塑像抬出廟來。此時，前有鑼鼓、彩旗，後有腰鼓隊，由浩浩蕩蕩的隊伍相擁著抬至郊外，開始踏青賜福。所到之處，居民都擺案設香，放鞭炮迎接，一路鞭炮轟鳴，彩旗飛揚，鑼鼓喧天。經過七八個小時的繞村串戶，最後，來到甘寧公園的甘寧墓前。甘寧公園占地面積一千餘畝，其中森林面積八百餘畝，峰巒起伏，錯落有致，風光秀麗，景色宜人。

在甘寧公園，早早擠滿了來自陽新、大冶、鄂城、武漢、武穴、

江西九江等地的群眾，他們都帶著水果、糕點、花環、香紙，穿著漂亮的服裝，在甘寧墓前，向著甘寧塑像、墓碑和甘寧寺，燒香虔誠跪拜，敬獻花環，將公園裝扮得色彩繽紛。

甘寧墓對面是一個仿古戲臺，一些身穿古代服裝的演員在臺上翩翩起舞，一曲曲古戲讓戲迷們如痴如醉。這時，在綠茵如毯的廣場上立有一根水泥柱子，柱子上捆綁著一根巨大的竹子，竹竿上掛著三百六十個紅、黃、綠三種顏色的綵球，綵球下圍滿了男女老幼，喜氣洋洋的人們一個個在翹首期待著搶綵球的時刻到來。

搶綵球是有講究的。如果搶到紅色的綵球，則表示生男孩；若搶到綠色的綵球則表示生女孩；搶到了黃色的綵球則寓意要發財。人們都想有個好綵頭。

下午四時許，隨著一陣鑼鼓和鞭炮聲響起，有人喊「吳王回了」，廟會開始進入高潮。當甘寧夫婦塑像落在墓前，一位德高望重的長者揮動著雙臂，一聲口令：「開始。」人群便鼓動起來，人人舉起雙手，拚命地朝竹竿方向靠近，奮力去搶摘徐徐下落的綵球。一時間，歡呼聲起，廣場成了一片歡樂的海洋。

對富池「三月三」廟會的思考

千百年來，陽新富池地區區別於其他地方習俗，選擇在三月三「鬼節」這一天舉行大型祭祀，以紀念他們心中的神靈甘寧，以一個人的享祀，演變為方圓百里的民間風俗，這在全國是不多見的。

富池地處黃石最東端，與江西九江交界，據了解，近幾年的「三月三」廟會，有來自鄂、贛、皖幾省，來自大江南北的數萬名遊客，他們給富池鎮帶來了前所未有的熱鬧景象。此間，富池鎮的香紙、爆竹銷售額，是往年全年總和的三倍；富池的交通業、餐飲業、零售業，也在節日期間營業額直線上升。可見，民俗的力量是多麼的強大。

黃石民間文藝家協會副主席、大冶市群眾文化館館長柯小傑副研究員認為：「三月三」本為凶節，歷來有著「三月三，鬼發癲」之說，而在富池地區的「三月三」卻成了「踏青節」、「狂歡節」，這是一件值得研究和探討的現象。

我們認為，「三月三」廟會隸屬民族民間文化資源的範疇，亟待開發和利用。隨著對民族民間文化資源保護意識的加強，不少市民呼籲對「富池三月三廟會」人文資源要進行搶救、整理和發掘。毋庸多言，這正是「富池三月三廟會」在民間所顯示的滲透力、向心力和凝聚力。人們對這種民俗現象的關心、關注、關懷明顯增強。尤其是近幾年，趕廟會的遊人越來越多，「富池三月三廟會」已然成為湖北省黃石地區乃至周邊地區唯一的、有影響的廟會。

甘寧「三月三」

汪 翔

　　農曆三月初三本為凶節，民間有著「三月三，鬼發癲」之說，故又名為「鬼節」。陽新當地也有「三月三，鬼下蛋」的傳說，說這一日的荒郊野外，孤魂野鬼四處流竄，隨處搗蛋，禍害幼童。因此流傳下來吃地菜煮雞蛋或是吃地菜包餃子的習俗，說是吃了這兩樣東西就可以避邪，民間也就有了「陽春三月三，薺菜當靈丹」的諺語（薺菜即地菜）。當然這天家家戶戶都要囑咐小孩夜裡不要出門，大人在外也要早點回家。而在陽新富池的「三月三」卻是別有一番情景，每年的這一天，男男女女，紅紅綠綠，相邀結伴奔甘寧公園而去，或手持花展（類似於花圈的物品），或攜水果糕點，或沐浴薰香，或燃放鞭炮，把甘寧墓地弄得熱熱鬧鬧。因為三國甘寧，「三月三」也就成了富池人民的「踏青節」和「狂歡節」，這是一種有趣的民俗文化現象。

　　甘寧墓設在甘寧公園內。甘寧公園處於富池大嶺山的谷地，這是一條大約三里長的峽谷，東西南三面環山，北面的谷口即是公園的入口。一座宏偉的仿古牌樓上刻著「甘寧公園」四個金字，熠熠生輝。

進園門行百餘步，即有一「雙龍騰躍」大水池，池水澄澈。復行數十步，又有一數畝見方的蓮花池，游魚細石，直視無礙，更有荷葉隨風招搖，天光雲影盡在一池碧水中徘徊。走過蓮花池，前面矗立著一座六米多高的武將石雕，這就是甘寧塑像，將軍身披斗篷，遍體鎧甲，手按寶劍，目凝前方，英武雄壯，威風凜凜，有萬夫莫敵之氣概。塑像後面有一天然景觀——甘泉，泉水清涼澄碧，汩汩不絕，流灌蓮花池和雙龍騰躍水池，怪不得公園池水如此青碧。當地傳說，常飲甘泉水，可使人耳聰目明，又可健體強身，故稱「聰明泉」。泉邊有一塊水泥匾牌，上刻南宋著名詩人陸游的《祭富池神文》，文曰：「某去國八年，浮家萬里。徒慕古人之大節，每遭天下之至窮。登攬江山，徘徊祠宇。九原孰起？孤涕無從。雖薄奠之不豐，冀英魂之來舉。」（我離開國都八年了，離家有萬里之遙。只能空羨古人的氣節，經常遭遇天下最窘困的事情。登高眺望江水、群山，徘徊在祠廟殿宇之間。我將葬身何地，現在也無從知道。面對甘寧神墓，不由悲從中來。雖然祭品微薄不豐盛，也希望你富池神的英魂顯靈來助我完成收復失地的大願吧。）乾道六年（1170 年），陸游遭當權者排擠，乘舟逆江入蜀，去任夔州通判，八月十三至富池口，特備祭品，上昭勇祠（俗稱吳王廟）謁祭甘寧，見昭勇祠祭享之盛，規模之大，陸游讚歎「江上神祠，皆不及也」。

昭勇祠（唐玄宗李隆基冊封）為甘寧原墓所在地，原址在富池口老街中段，面向長江中之黃龍洲卷雪樓，近門建花臺與祠殿相對。神祠有前殿、後殿、兩廂及旌教祠，並設酒務所與酒官廨，是「江上之最大神祠」。前殿供祀甘寧像、甘寧夫人順佑夫人及二子紹威侯、紹靈侯和女兒柔懿夫人像。後殿復有甘寧與夫人並坐塑像，兩廂祀有其

他神像。三國吳黃武元年（222 年），甘寧作戰身亡，為記其功，故廟食於此。昭勇祠「文革」中被毀，一九九五年，富池鎮政府在大嶺山谷地興建甘寧公園，並將甘寧墓遷至園內，其氣勢不減原墓之恢弘。修復的昭勇祠，正殿三十八根仿古紅漆大柱，高十五米直聳殿頂。祠上琉璃碧瓦，翹角飛簷，古色古香。祠內神像威武，幡飄香繞，鼓磬成韻，森然有西天氣象，並有對聯云：「大志在東吳，成仁取義，一代精忠貫日月；勳名垂宇宙，聯蜀拒曹，萬年正氣壯山河。」大殿兩側，有「護國」、「佑民」兩幅匾額赫然醒目。這兩幅匾額頗有來歷。南宋建炎年間，流匪馬進在蘄（州）黃（州）一帶屠城後，屯兵富池口，欲屠興國州。馬進雖是個殺人不眨眼的魔君，卻頗信佛事，見有昭勇祠，心生敬畏，齋戒一日後，問卜於甘寧廟。初告，不允；再告，仍然不允。馬進大怒，擲筊（一種卜告器物）於地，筊亦怒立，飛至門楣橫額不下，馬進見狀大驚而退。賴甘寧魂魄護佑州民免遭殺戮，州人更敬甘寧，送來「護國」、「佑民」兩幅匾額，以記甘寧功績。

《祭富池神文》水泥匾牌後面是空曠的古戲臺，飛簷彩壁。每年農曆三月初三前後，來自鄂贛兩省鄰近縣市的朝拜者或遊覽觀光客絡繹不絕。吳王廟〔宋政和二年（1112 年），中宗皇帝冊封甘寧為吳王〕便要舉行盛大佛事，專替善男信女祈神消災，還在廟前搭臺唱戲，通宵不歇，這就是古戲臺的由來，各地（主要是漢口、通山、咸寧、九江等地）戲班子前來演出，間雜拋綵球、跑竹馬、舞蚌殼、踩高蹺等民俗活動，不一而足。演出時繁華渡口富池口萬人空巷，盛況空前，據說過往商船也紛紛駐港觀戲，為一時之盛事。江中來往舟楫上的文人宦客，無不登祠致祭。

處於峽谷最底端的甘寧墓為公園的主體建築，墓東北面是桂園，西南面是竹園，相互輝映，景緻幽深。墓前有高大的五開石柱拱門，走進拱門，即見到甘寧的圓形拱墓，墓高兩米，周長六米，蒼松翠竹掩映，造型風格肅穆凝重，一方巨大的石雕香爐，香煙繚繞，積灰數尺。拱墓四周有青石一圈，刻有《頤讀諸子》、《焉達酬志》、《陳計破祖》、《阻羽淺瀨》、《百騎襲曹》、《神鴉涕歌》六幅紀念甘寧功績的石刻圖案，蔚為壯觀。整個甘寧墓的走勢和構建，完全是依照中國古代風水學原理，應了「後有靠（大山）、左右有抱（兩條山脊）、前有江河（長江和富水河）」的布局。神墓左右山巔分別有望江亭和挹翠亭，描龍繡鳳，更有山水書畫點綴，充滿詩情畫意。挹翠亭有聯云：「挹來三水春常駐，翠覆千山色更濃。」登亭眺望，有湖皆碧，有山皆青，浩瀚長江，奔騰東去，正可謂「江流天地外，山色有無中」也。置身蒼松翠柏之中，松濤陣陣，涼爽宜人，湖光山色，美不勝收。甘寧能長眠此地，實屬幸事。

「踏青」是廟會活動的開端。從三月初二的晚上，當地主持就會虔誠地率眾將甘寧和甘寧夫人的兩尊神像從吳王廟中請出來，替其淨身更衣，然後焚香膜拜。到了三月初三吉時，兩頂神轎便由身強力壯的小夥子抬著走街串巷，神轎前有鳴鑼開道，後有鼓樂伴奏，所過的民居、商鋪等，都有人早早擺上香案，淨水灑街，點燃香紙爆竹，跪叩迎神。人們攜老牽少，穿紅著綠，喜氣洋洋地跟在神轎後面，轉遍富池大嶺山上下。上午時分，甘寧公園已爆竹聲聲，公園大門口擺滿了水果、糕點、香紙、花展等物品。園區內人流如潮，許多妙齡姑娘彩裙翩翩，手執花傘，重重疊疊。其間，有人採摘盛開的映山紅花，有人採摘「節節荷」野菜，也有人專挑野湖蒿。餓了，乏了，人們就

著山泉，席地而坐，或野炊，或放歌，其樂融融，其名曰「踏青」。

接著是「搶喜」。在甘寧公園古戲臺的空曠廣場中央有根水泥柱子，綁著一根約有十餘米高的粗大毛竹。毛竹枝丫上綴滿紙疊的繡球，或紅或綠或黃，青翠竹葉點綴其中，甚是華麗。毛竹下方，數千虔誠的遊人香客，一堆一堆地守候在那裡，數千雙眼睛時刻緊盯著毛竹上的三色繡球。山風吹拂下繡球一隻隻飄飄欲墜，不時有繡球隨風飄落，所墜之處人流雀躍爭搶，擂鼓聲，吶喊聲，喝采聲，追逐聲，震動山谷。人們都以搶到繡球為喜，這項活動故名「搶喜」，搶到哪種顏色的球就會達成某種願望：黃球代表財富，綠球代表女孩，紅球代表男孩。什麼都沒搶到也沒有缺憾，因為虔誠的善男信女都相信：只要參與了廟會，吳王甘寧就會保佑親人平平安安。「搶喜」活動一直持續到下午廟會高潮時，廟會主持人就會將毛竹推倒，任由眾人哄搶所剩繡球，來求得一年的好運，皆大歡喜。

然後是「拋綵球」。村民用細長竹篙，釣起五彩繡球，舉篙之人扮成丑角，用誇張的動作搖晃竹篙，拋球的小旦則合著丑角的節奏，不斷地用手、腳、肩、腰觸碰篙上的綵球，配合默契，邊舞邊唱。演出中，拋綵球的人越來越多，花樣不斷翻新，有一球兩人拋的，有一球四人拋的，有兩球四人拋的，有四球八人拋的，盤花穿帶，龍騰虎躍，令人眼花繚亂，依稀有世界盃風采。隊伍一直來到甘寧墓，眾人將所有的綵球都插在甘寧墓前。據說這樣做一是為了紀念甘寧，二是為了向甘寧祈求祝福。

甘寧為何與富池人民結下了不解之緣呢？

甘寧（163-222 年），字興霸，巴郡臨江（今重慶市忠縣）人，三國時期東吳大將。少年有力，任俠放縱，殺人越貨，藏舍亡命，禍害一方，是個拐得痛（陽新方言，壞透頂之意）的人物。常腰懸銅鈴，頭插羽飾，招搖過市，侍從之人，都披錦繡，人聽鈴聲，盡皆避之。又喜歡作秀，黑社會老大派頭十足，出門少不了車喧馬叫前呼後擁，行船就排列成豪華小艇，在水面上連成一大片。停船時，常用西川錦繡作帆幔維繫舟船，離開時，又要割斷拋棄，以顯示其富有奢侈。老百姓痛恨他作惡多端而又奢靡無度，皆稱他為「錦帆賊」。

　　後來甘寧不知因何緣故悟透了人生哲理，痛改前非，立行從善。浪子回頭金不換，甘寧將諸子百家一通狂讀，經受這番哲學文學的薰陶，毛毛蟲就變成花蝴蝶了，底氣也足了。學成文武藝，貨與帝王家。劉表是漢室宗親，「八俊」之一，名氣大得嚇人，又是荊州刺史，封疆大吏，諸侯之首，自然屬於帝王家了。甘寧認定了這個主子，建安九年（西元 204 年）率八百小弟依劉表，因居南陽。劉表卻是個徒有虛名的主兒，胸無大志，只圖自守，不習軍事，甘寧等得白了少年頭，不見進用，沒奈何，建安十年（西元 205 年），轉託黃祖。黃祖更是個有眼不識泰山的草包，覷得甘寧如朽木一般。甘寧心裡說，我幹一票大的，不怕你老黃不識貨。機會說來就來了，建安十二年（207 年），孫權領兵西攻江夏，黃祖大敗虧輸，哭爹喊娘，狼狽逃竄。甘寧率兵為其斷後，他的武藝可不是蓋的，沉著冷靜，舉弓勁射，射殺孫權的大將凌操，孫家軍一時奪氣，不敢再追，由此救了老黃性命。豈料甘寧立下大功，黃祖仍不重用，甘寧沒奈何，只得腳底抹油——溜之乎也。

這時，孫權在江東動靜鬧得挺大，又禮賢下士，招延俊秀，聘求名士，魯肅、諸葛瑾等均為賓客。西元二〇八年，在周瑜、呂蒙的推薦下，甘寧歸吳。君臣二人相見恨晚，甘寧生命的春天來了，施展才略，破黃祖據楚關，攻曹仁取夷陵，鎮益陽拒關羽，守西陵獲朱光，擊合肥退張遼，百騎襲曹營，屢建奇功，智勇足備。又愛兵如子，仗義疏財，深得士卒擁戴。吳主嘉甘寧之功，封為西陵太守、折衝將軍，領陽辛、下雉兩縣。孫權建都武昌（鄂州），特派大將甘寧鎮守要地富池口。吳黃武元年（222 年）二月，甘寧戰死於吳蜀夷陵之戰中。那麼這個西陵在哪裡呢？據有關學者考證，西陵治所在今天浠水縣，治地在黃石、陽新一帶。由於富池曾屬吳地，加之甘寧屯兵多年，頗多愛民事蹟，深得富池民眾擁戴。富池的「三月三」種種類似於宗教儀式的民俗活動其實就是為了紀念甘寧的功績。

從富池三月三廟會談
當代發展廟會民俗文化旅遊

柯小傑

　　我國地域遼闊，民族眾多，民俗文化是取之不盡、用之不竭的寶貴財富，也為發展民俗旅遊奠定了良好的客觀條件。從歷史深處一路走來的中國傳統廟會，在本質上既是宗教精神、區域特色、生活習慣、人文傳承、經濟活動等諸多地方性文化元素融合的產物，也是通過對傳統風俗的不斷再現而成為新的區域文化傳統的重要載體。挖掘、利用這樣一種具有廣泛群眾基礎和豐富文化元素的民俗活動，不僅對促進文化旅遊發展具有重要作用，對於促進社會和諧也具有積極意義。本文擬以富池三月三廟會民俗旅遊資源開發為例，對發展民俗文化旅遊進行探索。

一、富池三月三廟會民俗及其經濟文化特徵

富池鎮位於吳頭楚尾。東臨九江，北毗蘄州，與武穴市隔江相望，是一座歷史古鎮，自三國時期建鎮至今已逾千年。富池風光雄奇秀麗，群峰拱衛，澄江如練，氣象萬千。歷代名人學者，吟詠甚多。

廟會風俗與佛教寺院以及道教廟觀的宗教活動有著密切的關係，往往需要舉行祭神儀式。廟會民俗源於民間信仰及小商販在寺廟周圍針對香客信眾開展的商品銷售，後來逐漸發展為定期開展民間商貿、社交、娛樂、祭祀的綜合性重要文化活動，歷史上極為普遍，無地不有。陽新地區有正月二十補天節、文昌會，二月花朝節、娘娘會，三月清明節、吳王會，四月佛祖會、藥王會，五月端午會，六月六曬衣節，七月七月半、盂蘭會，八月放天燈，九月重陽會，十月牛王會，冬月送寒衣，臘月灶王會，一年三次的觀音會，以及城隍會、土地會等。

富池有座祭祀東吳折衝將軍甘寧的昭勇祠。唐代創建武成王廟，揀選歷代名將從祀，甘寧便以其神威武勇入選。至宋又以應靈昭著累封為「昭毅武惠遺愛靈顯王」。為感念甘寧英武神勇和愛護百姓，富池人在每年農曆三月三，以神像遊街、拋搶繡球、踏春遊園等形式紀念甘寧，並傳承至今。這一有著悠久歷史的傳統民間文化活動深受當地居民喜愛，是富池民間文化中影響最大、群眾參與度最高、支持力度最大的活動，並輻射影響到贛北、武穴等周邊地區。廟會活動的主要內容有拋綵球、踏青、搶綵球。甘寧墓設在位於富池鎮大嶺山下的甘寧公園內。二〇一一年被評為湖北省非物質文化遺產保護項目。

拋綵球是陽新富池三月三廟會習俗的一項主要民俗活動。

在陽新拋綵球是求吉的活動，也是對三國東吳大將甘寧的一種紀念方式。甘寧死在富池口，老百姓給他在大嶺山修了一座大墓。每年三月三，富池口一帶的百姓就抬著甘寧的神像，拿著紙幡為甘寧掃墓。在掃墓時，人們總要朝墓上拋綵球，既表示紀念又求福佑。這樣逐漸在陽新興起了拋綵球的風俗。人們不僅以此為節助興，增添喜慶色彩，而且希望鮮豔的綵球給人們帶來美滿的生活。

吳王廟——「昭勇祠」、甘寧公園，為三月三廟會的主要傳承基地。

二、當代三月三廟會民俗活動的開展現狀

（一）三月三傳統廟會民俗活動的類型

各地、各種廟會舉行的時間、期限和內容雖有不同，但從性質上分，大體可以歸納為以下幾類：

一是宗教祈福型廟會。此類廟會根據紀念日期尊崇某一神祇，有教義教規和經籍典冊，有專門神職人員和傳統禮儀程式。寺廟主要利用音樂、舞蹈、繪畫、雕塑藝術形式來展示、傳播宗教文化，民眾到寺廟主要進行上香祈福活動。如各地的觀音會、佛祖會、灶王會等。

二是節日聚會型廟會。此類廟會主要由民間求神祈福活動和娛樂活動、集市活動融合而成，具有地方性民眾節日聚會性質，即通常所

說的多內涵型廟會，往往規模盛大。如各地春節、元宵、清明舉行的融文藝表演、觀燈、賞花、貿易等於一體的廟會活動。

三是迎神娛樂型廟會。一些地方在特定的神靈生日期間，民間為向神靈祈福，聚眾迎請神像並抬出廟外巡行，開展文娛表演娛神娛人的廟會。如大冶的果城裡土主會、各地的城隍會等等。

四是紀念祭祀型廟會。為各地崇拜英雄豪傑、愛國志士、清官廉吏、名醫良師、聖賢祖先而舉行的廟會，有專用禮儀設施、傳統的禮儀程式及活動週期。

五是娛樂交往型廟會。此類廟會一般在農閒季節舉行。每當臨近會期，周圍村落農民便接親眷邀朋友，敘親情、話農事、洽生意，有的還擇婿配偶。此種廟會多在農村舉行，對普通民眾具有極大的吸引力。

富池三月三廟會屬於第三類迎神娛樂型廟會和第四類紀念祭祀型廟會。也就是複合型的廟會。

（二）當代三月三廟會民俗旅遊發展概況

據了解，甘寧墓三易其地，原古墓「文革」期間被毀，一九八五年由鎮政府創建了甘寧公園，公園占地一千餘畝，其中森林面積八百餘畝，峰巒起伏，錯落有致，風光秀麗，景色宜人。

二十世紀八〇年代中期開始，紀念甘寧的活動——三月三廟會逐漸恢復，到九〇年代粗具規模。

二〇〇七年的「三月三」廟會上，有來自鄂贛二省大江南北數萬名遊客，給富池鎮帶來前所未有的熱鬧景象。富池鎮當天消耗的香紙、爆竹，是前一年全年總和的三倍。當地的交通業、餐飲業、零售業，也在節日期間收入不菲。

　　二〇一二年三月，富池鎮黨委、政府積極響應陽新縣委「一主四推」戰略和富池鎮黨委「一帶兩區三園」發展戰略，實現文化搭臺，經貿唱戲的目的，營造招商引資、項目建設的氛圍，積極挖掘富池文化寶藏，開發富池的旅遊資源，大力發展文化產業，在富池舉辦了「三月三廟會暨富池鎮首屆民俗文化節」。二〇一三年舉辦了「富池三月三廟會暨第二屆民俗文化節」。三月三廟會是鄂東南遊神祝福的廟會代表性習俗，它傳承了優秀的民間文化。民俗文化節有意識地對民間的信仰活動進行疏導，增加了文化內涵，豐富了旅遊內容與項目，更好地傳承了優秀的非物質文化遺產。

（三）三月三廟會民俗活動開展中存在的主要問題

1. 缺乏政府和民眾的認同意識

　　「文化大革命」時期，廟會被視為封建糟粕的典型，遭到嚴酷的批判和徹底的摧毀。時至今日，很多人對廟會這種民俗還心存疑慮，在思想上還不敢認同廟會的文化價值。另一方面，隨著工業化、城市化進程的加快，傳統農業經濟迅速轉型，傳統文化在此背景之下難免受到強烈的衝擊，廟會文化在民間逐漸受冷落也就成為情理之中的事了。我們應該看到，廟會文化是一種具有中國特色的傳統文化，它在

中國的歷史發展進程中，起到了繁榮市場、豐富文藝、穩定人心、安定社會等作用，是可以為發展文化產業和旅遊產業挖掘、利用的寶貴資源。在歐美國家，狂歡節與廟會一樣是具有文化信仰內涵和民俗文化特點的節會活動，現已成為不少國家進行產業化運作的旅遊王牌，而我國的許多地方政府還在顧慮廟會是迷信還是科學的問題，因缺乏政府積極支持和引導，民間也就難以組織大型廟會活動，活動形式也較為單一。

2. 對廟會民俗的挖掘、開發深度不夠

近年來，陽新富池鎮政府雖然對三月三廟會習俗進行打造，部分廟會民俗資源得到了保護和利用，形成了一個定時定點的廟會民俗旅遊產品。但總體來說，開發度淺，沒有形成系統的開發戰略，維持著一種原生形態。比如三月三廟會，因長期存在於一個封閉的範圍內，雖然較好地保持了民族的傳統，但因為缺乏內容和形式創新，人們所看到的廟會活動幾乎每年都一模一樣，廟會文化整體顯現出一種「多元而又雷同」的現象。久而久之，廟會活動對當地的老百姓失去了吸引力，外來旅遊者日益減少。應該充分展示民族個性的文化精華，否則會因為缺少歷史的積澱而缺乏持久的生命力。沒有發展的文化永遠是落後的，古老文化只有更好地融入現代生活中才能獲得長久的生命力。由於三月三廟會民俗長期處於淺層次開發狀態，文化品位提升不足，尤其是與地方文化的結合不緊密，致使廟會民俗潛在的文化旅遊價值未能轉化為具有吸引力的旅遊產品。

3. 廟會活動的群眾性、參與性和體驗性較差

作為人類的文化創造，廟會活動中的信仰崇拜、建築和藝術景

觀、社會組織等諸多民俗事象，在漫長的歷史長河中都是以一種「靜」態的穩定組合供遊人觀賞。隨著民間宗教信仰基礎的逐漸消失，傳統廟會中的迎神賽會等活動已經成為歷史，燒香拜佛也成為個人行為，廟會活動中的宗教儀式、文藝演出、民俗展示大多成為一種表演性活動，群體性參與較少，不能充分滿足現代遊客的體驗需求。而動態型的展示要求遊客參與或半參與到特定的環境與活動中，如參與宗教祭祀儀式，聞聽棄惡揚善的講法並進行自我反思，觀歌舞、品美食、遊賞娛樂、種花養魚、放生求吉、聚友交流、學習求知、趕集市購特產等。但目前的三月三廟會忽視了旅遊者參與、嘗試、體驗、學習的需要，主要以靜態形式展示給旅遊者，組織者往往忽視了宗教文化中宣揚真善美的內容在社會主義文化建設中的積極作用，被剝離了精神內核的廟會只剩下空洞的外延，使得目前廟會中的宗教活動、民俗活動和遊客的觀光體驗活動均呈分離之態，不適應現代旅遊的特點和要求。

三、三月三廟會民俗對當代民俗文化旅遊的啟示

　　三月三廟會民俗內涵豐富，為我們留存了一個多元性的、內蘊豐厚的文化空間。如今貫穿於廟會的種種活動，吸引了眾多的人參與其中、經久不衰，是人們追求和諧、創新的文化活動方式，只是古樸中增添了時尚的氣息。利用廟會活動，可以促進民俗旅遊在現代化語境下推出具有創新性的文化旅遊產品，有利於保護、傳承文化遺產，發

展、豐富現代民俗文化旅遊產品，對於推進文化產業與旅遊產業的融合發展具有重要作用。

　　從漫長的歷史時期來看，在社會穩定、工商業繁榮、思想開放的時期和人口集中的地區，廟會皆會隨之興盛。官府通過廟會發展商業經濟豐富地方文化生活、促進社會和諧；民間通過廟會滿足信仰寄託、商品交易、文化生活、社會交往等需求；寺廟通過廟會擴大社會影響、宣傳宗教思想、爭取經濟收入，形成三方共贏局面。改革開放以來，寬鬆、和諧的政治環境為廟會的復興提供了社會客觀條件。從主觀上講，宗教心理、社會交往心理和從眾心理的表達，皆可以通過廟會形式加以實現；從意識形態上講，廟會文化中表現出來的勸善、勤儉、尊祖、守序等教育作用，對社會有著積極的作用。因此，綜合展現傳統民族文化和地方風情、結合商貿和旅遊的廟會活動，既符合地方政府發展經濟、豐富地方文化生活暨擴大地方文化影響、促進社會和諧的需要，又能夠滿足現實生活中大量民眾祈福還願、求吉避凶的心理需求和進行商貿交易、豐富文化生活、開展社會交往的需要，寺廟則可以借廟會活動擴大文化影響、向公眾傳播宗教文化中對社會主義文化建設具有積極作用的和諧思想、真善美思想，增加寺廟經濟收益，三者在促進經濟發展與社會和諧、豐富文化生活及擴大文化影響方面具有共同需求，從而為發展廟會民俗旅遊奠定了實現共贏的經濟社會與文化基礎。因此，深入挖掘歷史上的廟會民俗資源並賦予時代內涵、創新內容和形式，發展廟會民俗文化旅遊，應當成為政府、民眾、寺廟三方的共同目標。

四、對利用三月三廟會民俗發展
民俗文化旅遊的幾點思考

從目前的形勢來看，文化旅遊產業在我國是無可爭議的朝陽產業，且該產業正沿著加速發展的軌道運行。利用三月三廟會民俗發展民俗文化旅遊，是傳承保護這一優秀非物質文化遺產項目的有效措施之一。

（一）對傳統廟會進行產業化運作

如今保留下來的許多廟會文化活動，多由普通百姓或民間人士發起組織，有的區域則僅僅是沿襲舊制，自發組織。巴西著名的「狂歡節」民俗文化活動也曾被政府明令禁止，但由於其在民眾生活中根深柢固，所以政府在二十世紀八〇年代不再禁止，並給予相應的扶持和引導，使得這項當今「世界上最偉大的表演」成為巴西最大的一項文化產業項目。據統計，該節會每年大約吸引一百多萬國外遊客，為巴西提供了十多億美元的旅遊收入。我們不缺乏文化資源，但缺乏將文化資源轉化為經濟優勢的創意和路徑。文化的產業化發展為我們提供了一條將文化資源轉化為經濟優勢的可行之路。

在未來，我們應當重視廟會對於發展地方經濟、豐富文化生活、促進社會和諧及保護傳統民俗文化等方面的積極作用，由政府牽頭合理利用廟會民俗資源，用產業化的運用方式，使現代廟會與原始的、小農經濟的廟會形式相區別，使其既能適應現代社會需要而生存下去，又能在新時期的規模化經營下爆發出巨大的經濟效益，促進旅

遊、商貿、演藝、餐飲、休閒、娛樂等相關產業的發展。

（二）挖掘、創新廟會文化內涵和形式

文化是廟會的靈魂，只有把文化、旅遊、信仰和商業活動融為一體，古老的廟會才會煥發青春。各地區、各時期發展起來的廟會，皆體現著地域和時代特點，深入挖掘地方廟會文化內涵並充分與當地民風民俗和文化特點相結合，才能讓廟會上各種看的、玩的、吃的都深具地方文化特色，讓遊人在遊玩的同時充分領略獨特地域文化、民俗風情的魅力。

在挖掘傳統廟會文化內涵的同時，廟會在主旨、內容、形式上還需要更加貼近現實生活、服務普通百姓，特別是要融入時尚元素，符合現代人求新求美求異的心理，吸引更多的人參與到廟會活動中。近年來，洋廟會、科技廟會、動漫廟會等時尚色彩較濃的新廟會形式開始出現，吸引著眾多知識層次較高的年輕人前往參與，成為廟會文化內涵和形式創新的一種新趨勢。因此，融入現代文化、科技因素創新傳統廟會的文化內涵與形式，將有利於增強廟會活動的文化旅遊吸引力，促進廟會文化旅遊的發展。

（三）重視廟會的文化輻射功能

在當今世界全球化背景下，作為一種地方性、民俗性和傳統性的廟會文化不可避免地會受到全球化的影響，地方文化特色正面臨著被商業化、大眾化、消費化的全球性文化趨勢消融的危險。加之宗教信

仰在廟會文化中的逐漸淡出和弱化，使傳統廟會文化面臨著新的挑戰。廟會文化的前提是「廟」與「會」，由「廟」所代表的宗教文化是人類傳統文化的重要組成部分，對社會精神文化生活發揮著重大影響。在建設社會主義和諧社會的今天，宗教文化中的許多優秀傳統倫理觀念對推動社會主義道德建設、和諧文化建設具有重要的正面意義；而「會」所包含的民俗文化、地域文化和商貿文化則是人文精神和地方特色的綜合傳承。失去了文化輻射功能的廟會只會成為一個普通的集市，因而廟會文化的繼承和發展既要重視「廟」又要重視「會」，既要重視廟會的現代性轉型又要重視繼承優秀文化傳統中有益於社會主義文化建設的部分，將社會主義先進文化融入到廟會文化中，不斷再生、發展和豐富廟會的文化功能，使之向外輻射和拓展，讓地方性的廟會文化在新的歷史階段得以發展，成為政府放心滿意、群眾喜聞樂見、寺廟高興歡喜的兼具經濟、社會、文化輻射功能的綜合性文化旅遊活動。

（四）打造三月三廟會品牌

　　我國有著十分豐富的廟會文化資源，其中不乏知名度較高者。在為大眾創造娛樂、休閒、和諧、健康的假日場所的同時，用科學的頭腦和文化創意的理念，打造具有地域文化特色的廟會文化品牌，正在成為許多地方政府關注的問題。曾有專家指出，廟會應以當地人目前生存狀態為載體，表現出地區深厚的文化底蘊，精彩塑造自身品牌和特色。要喚起人們對三月三廟會活動的重視，需要充分利用品牌效應，打造成具有廣泛社會知名度和市場影響力的廟會文化品牌。我們

可借鑑國外嘉年華的運營模式，在保持文化傳統的同時，吸收其他地方乃至世界的優秀文化和時尚藝術，形成一個具有國際化色彩、體驗性強、知名度高的大型廟會品牌，在發展自身文化旅遊的同時，為推動地方的廟會文化旅遊活動發展起到示範引領作用。

「三月三」本為凶節，有著「三月三，鬼發癲」之說，而在富池地區「三月三」卻成了「踏青節」、「狂歡節」，這是一件值得研究和探討的現象。同時，「三月三」廟會隸屬民族民間文化資源的範疇，有待開發和利用。隨著對民族民間文化資源保護意識的加強，不少市民呼籲對「三月三」廟會進行搶救、整理和發掘。因為「三月三」民間廟會所顯示的向心力、凝集力也越來越強，尤其是近兩年來，趕廟會的遊人越來越多，成為黃石地區與西塞神舟會、果城裡土主會一樣有影響的廟會。如果因勢利導，抓住機遇，將富池「三月三」廟會這塊蛋糕做大做強，一定會做成民俗旅遊品牌。

第二章

廟會探源

「富池三月三廟會」初探

洪登亮

　　到富池過三月三，已成為近年來陽新、黃石、武穴，乃至武漢地區許多人的一個重要習俗。每逢農曆三月初三，富池民間都要在甘寧公園舉行廟會。屆時，數以萬計來自東西南北的人與本地人一道參與祭拜甘寧的各種儀式——在富池大嶺山下環山的山道上，男女老少絡繹不絕，有的喜氣洋洋地看戲、有的虔誠地燒香、有的在拍照……其間鳴放爆竹、搶綵球、拜吳王、吃雜燴，場面宏大，好不熱鬧。透過這些熱鬧的場面，我們如何探尋富池三月三這一民俗行為背後的文化積澱呢？今年春上湖北省民俗學者參與的一次專題研討會為我們提出了這個問題。

一、錦帆賊與搶綵球

甘寧，字興霸，三國東吳大將，巴郡臨江（今重慶市忠縣）人。性格暴躁，帶兵作戰勇猛剛強，為人忠心耿耿。曾讀諸子百家。十八歲左右擔任過蜀郡丞。建安九年（204年）率八百健兒依劉表，因居南陽，不見進用。建安十年（205年）轉託黃祖，黃祖又以凡人蓄之。此間曾射殺凌統之父凌操，因此與凌統結下殺父之仇。建安十三年（208年），歸吳見用於孫權，大有作為。破黃祖據楚關，攻曹仁取夷陵，鎮益陽拒關羽，守西陵獲朱光。尤以百騎襲曹營，獲孫權讚譽：「孟德有張遼，孤有甘興霸，足相敵也。」因其智勇雙全，戰功顯赫，又仗義疏財，深得士卒擁戴，甚為吳主孫權賞識，封其為西陵太守、折衝（常勝）將軍，領陽辛、下雉二縣。

甘寧少年時期力氣過人，獲時人讚歎，又好遊俠，常聚結一些輕薄少年成群結隊，攜弓帶箭，頭插鳥羽，身佩鈴鐺，常用錦繡系舟船。當時百姓一聽鈴響便知是甘寧到了，人以「錦帆賊」呼之。

乃至甘寧攻敵受傷，命喪富池拔箭港，葬身富池江岸，富池人民每年三月初三祭奠甘寧墓時，以竹竿懸掛綵布，飾以「錦帆」隆重紀念他——這大概是甘寧一生一死之殊榮罷。隨著時間的延續，唐宋以後，到富池甘寧墓附近遊春者日益增多；及至清代，甘寧由侯而王的皇封，使甘寧的影響不斷擴大。這樣，甘寧墓前竹竿彩布也漸漸演變為懸掛綵球，又從懸掛綵球再到遊客撿拾被江風吹落的綵球視為吉祥物，又經過了一段時間的流傳；及至甘寧墓拾到綵球可以獲彩納福再變化為搶綵球，便是富池三月三活動明顯特徵的形成。也正是這一連

串的衍化，使富池三月三的民俗活動有異於其他地區的廟會活動。

二、戲臺與演兵臺

富池甘寧公園中現有戲臺，是仿甘寧墓原址旁古戲臺而建的。據說那個古戲臺也是甘寧駐軍富池口，操練水軍時的演兵臺。甘寧去世之後，逐漸演變為古戲臺。

有一種說法是，自從演兵臺成為古戲臺之後，凡漢口、九江、通山等地路過富池口的戲班子，都必須在富池口義演三夜戲。那樣日後的行程才會安全順利，生意興隆；否則，定會出現挫折，甚至災難。故而此後凡水路路過富池的客、貨船隻，都要到甘寧墓前祭奠，以求好運。

自從富池口演兵臺成為古戲臺之後，富池地區的文化活動也異常活躍起來，楚劇、漢劇、採茶戲、花鼓戲、黃梅戲及武穴的文曲戲，便經常在這裡上演，富池無疑成為鄂贛一帶戲曲園地一個特殊的展示窗口。也可以說，富池的古戲臺，對於陽新成為一個名副其實的「戲窩子」，是有著極為重要的歷史作用的。也是由於富池地處長江之濱，南來北往，市場繁榮，客流如過江之鯽，致其文化多元交會。故而陽新採茶戲在江西採茶戲的基礎上，兼收並蓄，廣泛借鑑許多兄弟劇種的有益成分，成為採茶戲的又一枝新秀。這也許是富池成為陽新採茶戲發軔之地的一個重要緣故。

如今，甘寧墓前依然建有一個戲臺，每到節慶日子，富池地區群

眾自發組織演出。尤其是農曆三月初三，更是人山人海，熱鬧非常。當然，今日的甘寧公園戲臺不再是南來北往的藝術團隊展演的場所了，但相對於其他地方的廟會，卻又多了一份文化元素。

三、遊春祈福與修禊

富池三月三活動，有一個核心內容，就是自三月初二夜至初三凌晨，富池地區的善男信女，自己沐浴更衣後，再到吳王廟中，於更深夜靜之時，替甘寧及其夫人神像沐浴更衣，隨後焚香鳴炮，鳴鑼開道，且由兩副神轎，分男女兩隊，抬著甘寧及其夫人神像，外出踏青。

據介紹，在甘寧墓地尚未建廟之時，每年富池地區群眾自發地結伴而行，自帶果品，來到甘寧墓旁踏青、飲酒，有如吳越地區三月初三郊遊修禊，即以春風春水濯洗冬日以來的晦氣，讓明媚的春日為每個踏青者帶來吉祥如意的又一新年。

通過多年的衍化，由市民的郊遊修禊，慢慢變成了市民抬著甘寧夫婦神像與民同樂，一起郊遊。且是神轎每到一處，享受鄉民的祭奠，以求甘寧賜福。如今，富池地區，每逢三月三，沿街各戶則早擺香案果品，等候一旁，待神轎一到，一面向甘寧及其夫人致祭，一面向行人發送果品，以期共同享受祈福的喜悅。

富池甘寧公園現在也產生了一種新習俗，即凡是三月三來到甘寧公園的人，都可以到甘寧寺內乞得一碗雜燴麵。麵資隨願，給付不論

多少。也許再過些年月，此間食麵也會成為一種新的民俗活動。

四、拋繡球與民歌小調

　　富池三月三戲臺上有一個保留節目，那就是富池當地群眾自編自演的民間歌舞《拋繡球》。《拋繡球》是將富池三月三活動中搶綵球改編成歌舞，配以賀詞，譜以小調，邊歌邊舞，活潑歡快，極為賞心悅目。

　　在《拋繡球》一曲中，最有富池地方特色的當屬一種鼓樂號子曲，有人介紹說，這是陽新有名的地方器樂曲《小打》，它除有鼓、鑼、鈸、小鑼以外，還有三節銅號配樂，那高昂激越的號子曲，有人稱之為「嗚哆哆」。但凡在陽新民間生活過或是有過民間玩獅子、舞龍文化熏染的人，一定會為這精靈一般的樂曲激動不已。

五、吳王墓與甘寧封王之緣由

　　據一份張吉滿抄於一九六四年的甘寧墓誌記載：清世宗雍正皇帝登基第四年（1726 年）冬月，湖北、湖南、江西、福建、廣東地區「流寇」謀反，李自成殘餘部隊瓦解後，分散組織反擊清朝，加之吳三桂「叛軍」共同反清，在南方大山區擾亂百姓，殺害官員。雍正皇帝為了百姓安寧，國家太平，派江西巡撫湖廣總督邁柱領兵圍剿「流寇」。「流寇」敗至陽新富池口，藏於山林。官兵只好安營紮寨，守

候於湖場。因上有河流阻隔，下有江西統兵於瑞陽，「流寇」被圍困在山中。是夜，官兵營中休息，「流寇」夜出山林將清營圍住，架乾柴，放烈火劫營。沒想到天空傳來三聲大叫：「邁柱元帥快醒來，賊寇劫營了。今有我甘寧在此，賊寇敢犯我鎮守之地，決不容許。士兵快起來捉殺賊寇建功勞。」殘寇弱少，經不起官兵蜂擁追殺，加之甘寧神靈暗中用功，全部被滅。事後，邁柱總督問左右：「將士們聽見神人叫喊麼？」人人皆驚呼不知何方神聖暗助我軍，使「流寇」得以滅清。茲後，總督回府奏本上京。世宗皇上問翰林院張鵬翀：「甘寧是哪朝人物？何等人也？」經過多時查證落實，三國東吳孫權部下有個甘寧，鎮守陽新富池口，也死於富池口，離今一千五百零五年。皇上將疑無決，下旨邁柱進京。時邁柱也在長思短想這件事。在進京頭天，甘寧神靈顯聖於邁柱，使邁柱確信甘寧其人其事。他到京參見皇上時，便一口咬定是三國東吳西陵太守甘寧顯聖，剿滅了富池口「流寇」，避免劫營之難。復由翰林院查出三國史記，勾出甘寧事蹟，證實了甘寧靈魂為大清朝立下了不滅的功績。甘寧死無葬身之地，在我朝顯聖護國，若不褒獎，必為世人恥笑。於是世宗傳旨下去，在富池口找塊地方，重修甘寧墓。時翰林院張鵬翀與湖廣總督邁柱啟奏：「甘寧在三國時是一個無名小卒，西陵太守。既是甘寧神靈為我大清立下大功，何不封王侯職也？」雍正疑點被解開，大喜，即封甘寧為吳王，准旨修建吳王墓，由邁柱主持，翰林院設議。湖廣總督回府後，召興國州太守朱耀宗督建吳王甘寧墓，朱耀宗調至富池口，原節使柯秀仕前往昌源為節使，將昌源節使李青燁調至富池口為節使，操辦修墓一切事宜。

從以上這份墓誌記載上可以看出，甘寧由西陵太守而封為吳王，

是雍正皇帝登基第四年至第七年之間，為雍正所封。甘寧墓作為吳王墓重修則是雍正七年（1729 年）八月初二，落成於是年冬月十五。據這份墓誌記載，當時吳王墓墓基位於揚子江（富池口以下之長江為揚子江，以上之長江為楚江）南岸，大嶺山腳之眠牛山。是地四方山丘連綿，眾山如奔，皆向眠牛山而來。資料抄錄者還做了如下記載：墓地占地一千零八十平方米，前門有六柱牌坊。左二門前，鐵音石獅一尊；右二門前，銅音石獅一尊；第一重右邊一尊無頭紅石臥馬，左邊一尊帶鞍臥戰馬；墓前兩邊各置一塊圓盤凹凸不規則石塊，疑為香爐和果盤。第二重是墓堆，比前重高八十釐米。四級臺階上正中的是墓堆，兩邊臺階至墓後大碑，連通兩邊。第三重兩邊圍牆上石碑各置八塊，左八塊刻記陽辛、下雉兩縣紳士名人捐款（疑為原始碑記，當時有陽辛、下雉二縣之說）。右八塊刻記外界過往客商、國外洋人捐款，其中兩塊刻記甘寧的民間傳聞。墓後中間大碑刻記正楷大字，書有：大清世宗雍正七年奠。另有兩邊碑刻為：甘寧神靈，護國顯聖，朕賜吳王，香火長旺；西陵太守，永垂不朽，愛撫百姓，萬世流芳。

我們不難看出，上述文字記錄著甘寧墓葬清代時期的有關情況。我們還可以在富池吳王廟的其他石碑上，了解其他甘寧佑民保境的故事。這也許是甘寧死後，能為歷代朝廷和百姓擁戴的一個緣故。

六、歷史人物與甘寧相關的文史記憶

從一九六四年抄錄於富池甘寧墓石碑上的碑記中，我們還可以看到歷史上有些名人資助了甘寧墓的修建。這裡列舉一些為甘寧墓維修

捐款的特殊人士，如宗教人士有：旺石云壽沙元道長，鶴松寺道長，金田寺法智大士，還有西洋郎世寧（清宮廷畫家），翰林院大學士張鵬翀，節使李青燁，西洋艾啟蒙，東洋次寧木、岡寧谷木，美都約森比特姆，西天嶄新亮顏，俄羅斯木爾其特，英國杜次木斯敦。

到底以上這些人士是何緣故到富池祭拜甘寧，或是景仰甘寧，我們當下不得而知。但從以上不同人群，不同國度來審視他們與甘寧的這種連繫，應該說甘寧的影響在當時是較為廣遠的。

其實，甘寧的影響不止清朝一代。遠在宋代大詩人陸游遊歷富池時，也留有《祭富池神文》。其中載有：「某去國八年，浮家萬里，徒慕古人（甘寧，筆者注）之大節，每遭天下之至窮。登攬江山，徘徊祠宇。九原孰起？孤涕無從。雖薄奠之不豐，冀（甘寧大將軍）英魂之來舉。」陸游這位史上著名的愛國主義詩人，以其特有的愛國情懷，祭奠甘寧之神位，且惟慕古人（甘寧）之大節，獨願九原之雄起，以慰自己去國之痛。在陸游看來，甘寧是偉大的英雄，並且期冀得到甘寧精神上的支持，為著九原之再起。

明以後亦有文人墨客歌詠甘寧事蹟，如明代劉子壯寫道：「初日滄江宿雨醒，亂山無數一峰青，錦帆公館灰飛爐，幾點寒鴉送客行。」明代成始終《富池驛樓觀江》詩中寫道：「悠悠碧水遠連天，落日江堤柳繫船。樓對晚山青點點，戶臨青草綠芊芊。鷗邊渚接晴霞暮，鶴外雲迷遠樹煙。愁客遣懷詩共酒，遨遊重到已來年。」明代楊儒魯《昭勇祠》贊曰：「紫殿朱袍壯鐵冠，千秋豪爽憶江干。火燒赤壁南兵奮，旗指夷陵北賊寒。直使忠貞扶漢鼎，不妨失腳拜吳官。英雄只恨曹仁破，不向邯鄲殺老瞞。」

七、三月三，富池的三月三

三月三，對於富池人來講，無疑是一個盛大的節日，是一年一度每個新希冀的起點。富池三月三，對於陽新來說，無疑是一處豐厚的民間文化沃土，它承載著歷史饒贈給陽新人民的文化畫冊與詩性的記憶。陽新富池三月三，對於陽新文化來說，是獲選湖北省非物質文化遺產保護名錄的項目，對我們這一代人來說，如何完成對優秀文化的保護與傳承是我們肩負的歷史文化使命。

富池三月三，一個穿越歷史時空的隧道，它有著萬花筒般的美麗與神奇！讓我們一起去見證，去欣賞，去呵護它美麗的容顏與唯美的氣質吧！

富池廟會
源流淺探

黃治文

　　歷史久遠，流傳至今的富池三月三廟會，是承載著楚地鄂東南區域祭祀習俗，戰神崇拜和三月三節令風情等多種傳統文化成分的復合載體。有著深厚的歷史背景和濃郁的地方文化特色，在周邊數縣有著強大的影響力。

一、吳楚江關古要塞

　　富池鎮位於陽新縣東部，長江南岸，幕阜山西端餘脈北麓，與地處大別山南端的江北武穴田家鎮要塞隔江相對，北接漢黃，南連九江，自古是兵家必爭的東楚江關。

　　富池俗名富池口，與北側黃穎口、韋源口合稱「三江口」。橫貫

於幕阜山北側的四百里富河在此注入長江，是長江在鄂東南地區的一個重要碼頭港口。西側緊連地勢低窪的網湖水域，江河湖泊連成一體，山地丘陵綿延交錯。農林漁業自然資源豐富，地處長江中下游多金屬成礦帶，有金、銀、銅、鋁、鋅、鐵等多種礦藏。豐山銅礦、雞籠山金銅礦等多家國家大中型企業在此開辦。

富池口依山傍水，地勢險要，扼長江下游咽喉，早在春秋戰國時代，就是吳楚相爭的關口，當時豐山銅礦就得以開採，據記載有子胥營炮兒山戰國古墓遺址，伍福主廟遺址。西漢初年建立的下雉古縣城就在鎮境西側。三國時期，富池口自始至終是邊關火線，北部擁入江中的半壁山，被羅貫中暗示為江北田家鎮「故壘」西邊的「赤壁」。有「楚江鎖鑰」、「東南半壁」、「鐵鎖沉江」多處摩崖石刻。是南宋抗金前線，有「岳飛鑄劍豐山洞」傳說，有明末抗清志士張居正後代張士可摩崖石刻。李自成從這裡戰敗走通山，太平天國曾在富池口至半壁山一帶構築江防最大的砲臺群。抗戰時期這裡是「大武漢保衛戰」重要關口，李宗仁、湯恩伯等多個集團軍在此與侵華日軍波田支隊展開海陸空激戰。解放戰爭渡江戰役中王守道等率三五九旅在此登陸。

二、千載民俗源流遠

富池三月三廟會是富池地區悠久歷史高度民俗化的表現形式，它把與當地有關的三國英雄靈顯王甘寧祭祀和古老的三月三春社踏青風俗融為一體，獲得了穿越時空的生命力，千年傳承，深深植入了當地

民眾精神文化生活的機體。其歷史淵源應從三個方面考察，即荊臺楚俗祭祀，鎮水祈福江神打造，踏青節令風俗。

（一）荊臺楚俗祭祀起源。陽新縣富池鎮地處「左洞庭，右彭蠡（鄱陽湖）」雲雨縹緲的「古荊臺」之地，幕阜山脈東端。它是楚地祭祀習俗的重要源頭。這一地區在先秦代表南方的「張翰之域」，是傳說中火神祝融守祀太陽神的地界，也是九黎南遷和揚越人聚居之地，巫祀風盛，楚風濃郁，歷史上「祭祀」這種習俗多善於藉助歷代朝廷所褒揚之人物的名義，移花接木進行傳承，富池三月三祭祀靈顯王甘寧習俗亦不例外。我們從廟會「主祭杆」設置上可以看出「日」、「月」字符。主祭杆由大南竹製成，上掛許多小綵球，頂部固一橫木，兩端各掛一個大圓球，交叉處反順各掛一圓箕，上書「日」、「月」字符。此祭杆置於場地中央，廟會高潮時放倒，大家搶綵球，大球喻日、月，小球喻星宿，這讓人想到當地祀俗中的「祭三盅酒」，頭盅酒總是祭光陰或祭草沙。

（二）鎮水祈福江神打造起源。富池鎮扼長江出鄂東南山區入江西鄱陽湖之關口，加之富水河也從這裡注入長江，地形險要，地勢低窪，水災和戰爭之害頻繁，當地百姓的福祉與此息息相關。而三國東吳江關猛將甘寧的祭祀正滿足當地百姓祈福禳災需要而成為重要神祠。其實，陽新縣各地建祀的三國人物神祠眾多，有吳王宮、大王殿、太子廟、關聖宮、閬中王廟、華佗廟、呂蒙廟，其中祭祀吳王、太子和關公的廟宇有多處，唯獨富池地區的吳王廟祭祀的不是孫權而是甘寧，並有「甘寧斬馬」、「甘寧死於拔箭港」、「神鴉護屍」等民間傳說，以及壯觀的甘寧墓遺跡。南宋曾敏行《獨醒雜誌》有「興國

富池碑神，乃三國吳將甘寧也」的記載。

當地有關甘寧的傳說與《三國演義》描述基本一致，東吳的西陵太守，勇猛無敵的江上霸將甘寧「被番王沙摩柯一箭射中頭顱，寧帶箭而走，到了富池口，坐大樹下而死，樹上群鴉數百，圍繞其屍。吳王（孫權）聞之，哀痛不已，立廟祭祀」。但此說並非來於《三國志》，《三國志・吳書》有「權嘉寧功，拜西陵太守，領陽辛、下雉二縣」，「屯兵富池口」等記載，其實呂蒙也同樣領過此二縣，陽新也有「呂蒙廟」但已毀。這只能解釋為是因甘寧的剛毅勇武征服了歷代百姓與朝廷，其威靈亦為百姓所敬所祈。朝廷嘉封祭享之盛莫過於宋代，開寶五年（972 年）宋太祖賜為褒國公；元豐五年（1082 年）神宗賜為褒國武吳公；政和二年（1112 年）徽宗賜建昭勇祠；宣和五年（1123 年）又賜為武惠王；建炎二年（1128 年）、建炎四年（1130 年）和紹興二十一年（1151 年），高宗又分別加賜為武惠昭毅王、昭毅武惠靈顯王和昭毅武惠遺愛靈顯王。南宋乾道六年（1170年），陸游乘舟入蜀，八月十三日至富池口，謁祭甘寧，寫有《祭富池神文》。又據《興國州志》記載：明「知州王稷考舊志得甘寧將軍墓，大加修理，州人郭淶撰文」。陽新籍「明後七子」之一吳國倫有詩「黃龍洲轉大江回，卷雪樓高巨波催。古屋將軍遺像在，荒村伏臘瓣香來」。可見吳王廟、甘寧墓祭祀活動歷史久遠。其實每年一次七天七夜的「送水」驅疫大祭會，也在這裡舉行，五月十八結束。

（三）踏青節令風俗起源。富池三月三廟會的祭祀活動首先在吳王廟開始，三月初三前夜，做完法事後，開始由德高望重的男女司祭分別給吳王甘寧和夫人神像除塵、洗濯、更衣，俗稱「洗澡」，此時

對外禁閉。三月初三清晨，分別由男性眾馬腳和女性眾馬腳將二神抬出巡遊，至甘寧墓開始祭祀。此舉可追溯至遠古上巳節的「祓禊」習俗，《風俗通・祀典》：「周禮，女巫掌歲時以祓禊釁浴故於水上盥潔也」，《後漢書・禮儀志》：「是月上巳，官民皆絜於東流水上，曰洗濯祓除，去宿垢痰，為大潔。」到魏晉，上巳節被固定於三月初三。

富池三月三傳統遊春踏青形式並無限定，或邀三朋四友，或家人，或親戚老表、同學相好，主要是青年男女，各提美味熟食滷菜和酒，先祭吳王，後席地野餐，參與拋綵球、跑竹馬、舞蚌殼、踩高蹺等歌舞活動，風情濃郁，自由歡暢。此習俗在西南少數民族地區多見，在漢族地區很少了。而歷史上，鄂東南地區是黎苗、揚越民族的重要聚居地和南退出發地。此俗或許是藉助祭祀甘寧之名避過了宋明時代漢族地區的禮教壓制，傳承了下來。

三、濃情廟會三月三

富池三月三日踏青祭祀廟會，主要內容按活動進展排序依次是：吳王廟祭拜法事、神像洗濯更衣、抬神像巡遊、踏青遊園、祭掃甘寧墓、唱大戲、民間歌舞表演、普施齋飯、搶綵球祈福等系列儀式活動。

（一）從吳王廟出發巡遊。三月三廟會的出發地是吳王廟，吳王廟是昭勇祠的俗稱。位於富池口江濱老街中段，面對長江江中的黃龍洲上的卷雪樓，此江流之中的古樓臺內也供有甘寧塑像，顯示江關鎮

神之意。而卷雪樓之名，取自蘇詞「卷起千堆雪」，與西邊不遠處「亂石穿空」的「楚江鎖鑰」半壁山相對，與「三江口」、「拔箭港」等地名一起喻示「赤壁之戰」曾在此處。廟對長江有八十九級臺階，山門是雕花石坊，左門牆有「護國」，右門牆有「祐民」雕字。主祠有前殿、後殿，由左右兩排廂樓相連，背後建有旌教祠。並設有酒務所與酒官廨。前殿供祀兩人高的甘寧、甘寧順佑夫人像，兩邊是二子紹威侯、紹靈侯和女兒柔懿夫人像。有御賜匾額「靈鎮江關」懸於正堂。兩廂左邊是六個徒手天王，右邊是有馬童牽馬的程公臺像。後殿有甘寧與夫人坐椅像，旁邊有轎子。原廟號稱有房一〇八間，在「文革」期間皆毀，一九八三年當地在原址復修昭勇祠。

經過三月初二的前期道士香火開示，請聖，誦經，主祭完成神像洗濯更衣，三月初三凌晨，六大主持、主祭、一眾禮紳，八個男轎伕，八個女轎伕，四大主旗手，一眾副旗手，鑼鼓隊一應人等先行來到吳王廟堂，對裝飾一新的吳王甘寧和夫人神像完成跪拜大禮後，將二神像（原先還有二太子神像）一併抬出沿下街往上街巡遊，來到居戶人家門前，巡遊完畢再往甘寧墓舉行大祭。一路上主祭率主旗四面、彩旗一眾領頭，依次是鑼鼓隊、「迴避」、「肅靜」牌，四人抬供品香案，接著是吳王甘寧鑾駕和甘寧夫人（俗稱娘娘）鑾駕。後有腰鼓隊和浩浩蕩蕩的香客眾人。主祭身上斜披紅綵帶，男女轎伕腰纏紅綵帶，旗手鼓手及當事人等臂纏紅綵帶，凡到甘寧墓踏青掃墓者都可得到一條小紅綵帶。神像隊伍所到之處，居民擺香設案，放鞭炮迎接，一路彩旗飛揚，鑼鼓喧天。在甘寧墓園地，來自陽新、大冶、武穴、江西九江等周邊縣市居民，早已帶著果品、花環、香紙等來到了這裡遊園祭拜，戲臺上下，自發組織的各種民間文藝節目接連上演。

（二）在甘寧墓祭祀遊園。甘寧墓原在鎮東二里江濱，園地為三個大平臺組成，外有三個門牌樓，中有高大石牌坊，門前獅象各一對，兩獅一個銅音、一個鐵音，墓在中層，墓後有一尺八高聖旨墓牌，玉石雕龍，光潔如鏡。墓前石供桌一個，兩側石馬各一，翁仲三尊，占地約十五畝，此墓在「文革」中毀損。一九八五年，富池鎮在鎮西小嶺山下臨江一側重建甘寧墓，開闢甘寧公園。

　　下午時分，二神像被抬到甘寧墓前，由地方鄉紳六人主持，主祭、禮紳、讀祝、樂隊就位，上中下各有兩個主祭。在上層主祭的導引下，滌塵、束衣、正冠、發炮起鼓、奏大樂、奏小樂、焚香、讀祭文，行八跪八拜大禮，上血饗，「饗用豚一隻、羊一頭、奠帛一匹一丈八尺」，這是祀典所定的。近期也有改獻「三牲」，豬頭、整雞、整鯉魚。四方百姓的祭掃活動自由進展，原來人們結伴提籃帶熟食和酒水，先祭後自行食用，現漸少。多數人帶香紙、花環和紙傘祭拜。

　　傳統廟會活動還在吳王廟前大戲臺唱三天大戲，現在改在甘寧公園進行。老摺子戲和民間歌舞曲藝皆可上演，傳統表演項目還有踩一丈二尺高蹺、戲蚌殼、唱茶歌茶戲等。普施齋飯原來在吳王廟施行，廟堂平日接受香客貢獻，此日施食齋飯視為清吉平安。

　　施放日月祭杆上的綵球，是廟會活動結束前的一個高潮。綵球由廟堂人員紮製，有紅、綠、黃三色。號稱三百六十個，掛於日月祭杆上，上端兩邊有「日」、「月」兩個大綵球，頂端中間有日、月二字。底下要綁牢一個大木架，四人抬著隨吳王鸞駕一同巡遊，若有綵球飄落被人拾到，視為吉利。因《興國州志》記載，甘寧「時娶下雉董氏女」，活動逐漸被帶入問婚求嗣的意味，民眾多認為搶得紅球代表得

子，搶得綠球是得女，搶得黃球是得財喜，有心相求的信眾巴望自己能搶到一個如意綵球。活動尾期，在主祭的號令下，祭杆漸漸倒下來，引來眾男女搶摘，迎來一片歡欣場面。

富池三月三廟會，秉存了鄂東南地區人民崇文尚武的民俗文化精神，在鄂東南、贛西北臨近地區群眾中有著廣泛的影響力，承載的民間傳統文化信息量大，有著十分重要的學術價值和實用價值，深入挖掘、搶救和保護這一文明遺產，對弘揚優秀的民族文化，促進當地精神文明建設，滿足當地群眾對節日文化生活的需要，推動有地方特色的旅遊產業的開發，促進社會全面發展，構建社會主義和諧社會，有著重要的現實意義。

「三月三」
廟會探源

陳才棟　石聿海

　　民間的「三月三」起源於古代的上巳節。以祭祀三國東吳大將甘寧為要，則賦予富池「三月三」廟會這一民俗活動獨有的、特定的、深厚的內涵，它傳承了上千年，又極富地方文化特色，是楚文化寶庫的精品。近些年活動規模之大，自發、自願參與的人數達數萬之眾。當地百姓通過這一民俗活動，虔誠祈福，慰藉親朋，淨化心靈，增進團結，和諧社會；同時，表達對甘寧大將「忠勇、剛毅、護國佑民」精神的無限崇敬，並被這種精神所影響。這就是富池「三月三」廟會深厚的歷史淵源和文化底蘊所在，也是這一民俗活動延續千年的重要原因。

一、關於甘寧

　　當地有關甘寧的傳說與《三國演義》描述基本一致：「東吳的西陵太守，勇猛無敵的江上霸王甘寧被番王沙摩柯一箭射中頭顱，寧帶箭而走，到了富池口，坐大樹下而死，樹上群鴉數百，圍繞其屍。吳王聞之，哀痛不已，立廟祭祀。」但此說並非來源於《三國志》。《三國志·吳書》有「權嘉寧功，拜西陵太守，領陽辛、下雉兩縣」。其實呂蒙也同樣領過此二縣，只能說是因甘寧的忠毅勇武征服了歷代百姓與朝廷，其威靈亦為百姓所敬所祭，於是，富池百姓蓋了一個廟宇以紀念甘寧。

　　在封建王朝裡，甘寧將軍多次被封為王。宋朝政和二年（1112年），八府巡按王質代中宗皇帝封甘寧為吳王，並有蘇東坡大學士題筆親書「吳王廟」匾額。朝廷嘉封祭享之盛莫過於宋代，開寶五年（972年），宋太祖賜甘寧為褒國公；元豐五年（1082年），神宗賜其為褒國武靈公；政和二年（1112年），徽宗賜建昭勇祠；宣和五年（1123年），又賜為武惠王；建炎二年（1128年）、建炎四年（1130年）和紹興二十一年（1151年），高宗又分別加賜甘寧為武惠昭毅王、昭毅武惠靈顯王和昭毅武惠遺愛靈顯王。明朝，開國皇帝洪武帝冊封甘寧為吳王；陽新縣進士吳國倫題詩讚頌吳王甘寧，並有書法家董其昌、楊世元等七十二位名人、進士、探花或詞或詩讚頌甘寧；嘉靖皇帝又封甘寧為吳王，並重修廟宇和墳墓，還有陽新縣名人王十朋、梅溪等三十六人賦詩讚頌甘寧。清朝，康熙、乾隆二皇帝，分別於康熙四年（1665年）、乾隆六年（1741年）命京官高金題名再次封甘寧為吳王，陽新縣翰林王鳳鳴等三十八位名人作詩讚頌甘寧。

南宋乾道六年（1170 年），陸游乘舟入蜀，八月十三日至富池口，謁祭甘寧，有祭文傳世，並讚歎「江上神祠，皆不及也。」又據《興國州志》記載：「明『知州五稷考舊志得甘寧將軍墓，大加修理，州人郭浹撰文』」。南宋曾敏行《獨醒雜誌》：「興國富池廟碑神，乃三國吳將甘寧也。」陽新籍「明後七子」之一吳國倫有詩：「黃龍洲轉大江回，卷雪樓高巨波摧。古屋將軍遺像在，荒村伏臘瓣香來。」可見吳王廟、甘寧墓祭祀活動歷史久遠。

二、關於富池「三月三」廟會

多年來，每逢農曆三月初三，富池都要在甘寧公園舉行廟會，數以萬計的外地人和本地人一道參與祭拜甘寧的各種儀式。在富池大嶺山下環山的山路上，男女老少喜氣洋洋地看戲、燒香、鳴放爆竹、搶綵球、拜王爺、吃雜燴麵，好不熱鬧。透過這些熱鬧的場面，我們又如何探尋富池「三月三」這一民俗行為背後的文化積澱和久遠的歷史文化淵源呢？在祭拜甘寧墓時，人們以竹竿懸掛綵布，飾以「錦帆」隆重紀念甘寧。隨著時間的延續，到富池甘寧墓附近春遊的人日益增多，從甘寧墓前插竹竿掛綵布演變為懸掛綵球，從遊客撿拾被江風吹落的綵球到在甘寧墓旁拾到綵球即可獲彩納福，這一連串的演化，使富池「三月三」廟會的民俗活動成型。江南各地都有「三月三」這一民間活動，唯有富池的「三月三」以祭祀吳王甘寧為獨特，其中拋綵球，搶綵球納福在鄂東南地區眾多三月三活動中是唯一的、獨特的、別具一格的。

甘寧墓開祭，此俗可追溯至遠古時的上巳節「祓禊」習俗，《風俗通·祀典》：「周禮，女巫掌歲時以祓禊與浴故於水上盥潔也」到魏晉，上巳節被固定於三月初三。富池「三月三」傳統遊園踏春習俗的形成，或許是藉助祭祀甘寧之名避過宋明禮教壓制的緣故，是考證古代漢族地區「三月三」風俗源流的活化石。

三、關於吳王廟

　　吳王廟，是昭勇祠的俗稱。它位於富池口江濱老街中段，面對長江中的黃龍洲上的卷雪樓原廟於「文革」期間被毀，現廟為一九八三年當地政府在原址上復建。廟頂雙龍戲珠，栩栩如生，琉璃碧瓦，翹角飛簷，相映成趣，頗為壯麗，非一般廟宇所能及。

　　據史書記載，興國州富池口很早就有甘寧祠。北宋詞人張耒有文「自廬山回過富池，隔江遙禱甘寧祠，求便風至黃瀝，酒而風轉，日行二百里，明日風猶未已，又風勢徐緩不奔駛。可畏甘公，蓋吳將甘寧云」，可見，富池在北宋就有甘寧祠，而且十分靈驗。宋人記載：「興國富池廟碑神，乃三國吳將甘寧也。」陸游入蜀時，於此拜祭甘寧祠，其《入蜀記》透露，南宋褒封甘寧乃系應大將劉光世之請，岳飛亦修葺過甘寧祠。宋朝褒封甘寧之事官方文獻中亦可得到證實。宋時，永興系興國軍屬縣。宋人還因這座甘寧祠門口匾額為「卷雪」的大樓而將有關此次的記序詩文編輯成《卷雪樓集》。可見，甘寧在宋朝頗受敬祀。

四、關於甘寧墓

據現存文獻資料，甘寧墓址在興國州（今湖北省陽新縣）富池口，此地甘寧墓始見於明朝。《大明一統志》記載：「甘寧墓，在興國州東六十里軍山之陽。寧，吳將也。」雍正《湖廣通志》記載，三國將軍甘寧墓在興國州東六十里軍山之陽。甘寧墓，修建於大清世宗雍正七年（1729 年）八月初二，落成於冬月十五，正式典禮由湖廣總督邁柱委派節使李青燁主持，召集各界紳士族長前來開典，四鄉百姓如雲，車水馬龍，熱鬧三日，並確定每年三月初三為掃墓祭祀日以及建修朝望閣樓。這是歷朝歷代第一次將三月三指定為祭祀甘寧日，以褒獎其「生時護國，死後佑民」的功績。

甘寧墓，原墓址在揚子江南岸大嶺山腳眠牛山，四方連山，奔向眠牛山。清代甘寧墓葬記錄中和富池吳王廟的其他石碑上，還有其他甘寧佑民保境的故事，這也許是甘寧死後，能為歷代朝廷和百姓褒獎的一個緣故。

一九八五年，富池鎮在鎮西小嶺山下江一側重建甘寧墓，並修建了甘寧公園。園內建有雙龍池、鍍金甘寧塑像、甘寧寺、甘寧大殿、桂花園等。

五、關於富池「三月三」廟會的幾點思考

（一）上千年歷史人物甘寧與富池有著密切的關聯，並且得到了

歷朝歷代的褒獎，我們何不古為今用呢？在充分肯定甘寧歷史地位的同時，挖掘、提煉、昇華、利用其歷史影響，使它成為富池獨有的歷史名片，並開發其歷史價值。

（二）富池，人傑地靈，其「三月三」已由古時的「上巳節」、「踏青節」演變成現在的「三月三」廟會文化，延續了上千年，有其久遠的歷史淵源和厚重的文化積澱，它不僅僅是一種懷念古人的祭祀形式，更有著深厚豐富的歷史內涵和民族優良傳統，應賦予它新的時代內容，並加以傳承和光大。

（三）富池「三月三」廟會作為一種民俗，有著廣泛的群眾基礎。其活動的影響力、文化的滲透力、精神的穿透力都顯而易見。此民俗引人向上，誘民從善，對弘揚正氣，淨化一方的社會環境有著重要作用，符合團結群眾，構建和諧社會主流。

（四）富池的「三月三」廟會，其意義和作用已遠遠超出了對甘寧祭祀的本身，作為一張珍貴的歷史名片，應賦予它更豐富、更深刻的時代文化內涵，開發其價值所在，使其在文化富池、和諧富池建設中造福富池人民。

大江東去浪淘盡，青山依然呈錦繡。勤勞勇敢的富池人民正在努力建設文明富池、文化富池、秀美富池、富強富池，願富池「三月三」廟會這一民俗活動更顯張力與活力，成為推動富池經濟發展，文化進步的正能量。

陸游富池
兩祭甘寧

汪　翔

　　陸游，字務觀，號放翁，越州山陰（今浙江紹興）人，北宋宣和七年（1125 年）生。一生力主北伐，雖然屢受主和派排擠打擊，但是他的愛國之情至死不渝，與尤袤、楊萬里、范成大並稱「南宋四大詩人」。死前曾作《示兒》七絕云：「死去元知萬事空，但悲不見九州同。王師北定中原日，家祭無忘告乃翁。」是最能表現陸游愛國精神的代表作。他的詩作極多，至老仍然創作不懈。實際上創作了一萬三千多首，經他自己刪汰之後仍有九千三百多首。

　　陸游自幼好學不倦，十二歲即能詩文。他在飽經喪亂的生活感受中受到深刻的愛國主義教育。二十歲時他與舅父的女兒唐婉結婚，夫妻感情非常好，後來被自己的母親強行拆散。這種感情傷痛終其一生，《釵頭鳳》、《沈園》等名作即是為此。紹興二十三年（1153 年）赴臨安應進士試，取為第一，而秦檜的孫子秦壎居其次，秦檜大怒，

欲降罪主考官。二十四年（1154 年）參加禮部考試，主考官再次將陸游排在秦塤之前。秦檜憤怒，嚴厲打壓主考官，又將陸游除名。陸游並不消沉，回家後仍然刻苦攻讀兵書，操練武術，準備為國建功立業。二十八年（1158 年），秦檜已死，陸游出任福州寧德縣主簿。三十二年（1162 年），孝宗即位，以陸游善辭章，熟悉典故，賜其進士出身。先後被委任為江蘇鎮江、江西興隆通判。此後孝宗北伐失利，主戰派受挫，陸游被罷職還鄉。

乾道六年（1170 年），主戰派抬頭，陸游被重新起用，出任夔州（今四川省奉節縣）府通判。閏五月十八日，陸游從故鄉啟程，乘舟逆江入蜀，去川赴任，他每天寫日記，記述途中山水人情，奇聞軼事，把它稱為《入蜀記》。八月十三日，陸游途經陽新富池口。

富池是一座歷史古鎮，自三國時期建鎮至今已逾千年。富池風光雄奇秀麗，群峰拱衛，澄江如練，氣象萬千。歷代名人學者，吟詠甚多。明朝成始終寫過一首著名的迴文詩《富池驛樓觀江》描繪古鎮風光道：「悠悠碧水遠連天，落日江堤柳繫船。樓對晚山青點點，戶臨春草綠芊芊。鷗邊渚接晴霞暮，鶴外雲迷遠樹煙。愁客遣懷詩共酒，遨遊重到已來年。」因其「踞長江鎖鑰，扼鄂贛咽喉」，歷來為兵家必爭之地。宋代文學家蘇東坡遊覽勝景後題壁「楚江鎖鑰」；南宋愛國名將岳飛鑄劍豐山洞；清末將領曾國藩率水師「鐵鎖沉江」，大敗太平軍；中國人民解放軍百萬雄師在此渡江南下，解放全中國。

這裡有座祭祀東吳折衝將軍甘寧的昭勇祠。唐朝創建武成王廟，揀選歷代名將從祀，甘寧便以其神威武勇入選。至宋又以應靈昭著累封為「昭毅武惠遺愛靈顯王」。

富池為何有甘寧墓呢？

甘寧（163-222年），字興霸，巴郡臨江（今重慶市忠縣）人，三國時期東吳大將。弓馬嫻熟，武藝精通，好讀書，重義氣，為朋友兩肋插刀，追隨他的人很多。建安九年（204年）依劉表，不見進用。建安十年（西元205年），轉託黃祖，也不為所用。建安十二年（207年），孫權領兵西攻江夏，黃祖大敗而逃。甘寧率兵為其斷後，沉著冷靜，舉弓勁射，射殺孫權的大將凌操，孫家軍一時奪氣，不敢再追，由此救了黃祖性命。豈料甘寧立下大功，黃祖仍不重用。

孫權在江東禮賢下士，招延俊秀，聘求名士。賢臣擇主而事，建安十三年（208年），在周瑜、呂蒙的推薦下，甘寧歸吳。孫權很器重他，君臣二人相見恨晚，甘寧施展才略，智勇足備，屢建奇功，深得士卒和百姓的擁戴。孫權嘉其忠勇無匹，讚歎道：「孟德有張遼，孤有甘興霸，足相敵也。」封為西陵太守、折衝將軍，領陽辛、下雉兩縣。孫權建都武昌（今鄂州），特派甘寧鎮守要地富池口。馮時行有詩《縉云集》贊甘寧道：「豪傑自不群，俗眼蓋盲瞽。劉表既不識，那復論黃祖。翻然脫羈銜，渡江得英主。唾手立功勛，雄名詫千古。」

吳黃武元年（222年）春二月，甘寧戰死於吳蜀夷陵之戰中。《三國演義》載其戰死情形道：「寧帶箭而走，到富池口，坐於大樹之下而死。樹上群鴉數百，圍繞其屍。」並有詩嘆曰：「吳郡甘興霸，長江錦幔舟。酬君重知己，報友化仇讎。劫寨將輕騎，驅兵飲巨甌，神鴉能顯聖，香火永千秋。」

按《三國演義》記載，甘寧戰死後，「吳王聞之，哀痛不已，具禮厚葬，立廟祭祀」。所立的「廟」應該就是甘寧最初的墳墓。因他生前體恤百姓，當地百姓就在墳墓所在地修建廟宇祭祀這位威震敵國的神武將軍，至唐玄宗李隆基時冊封為昭勇祠。昭勇祠在富池口老街中段，面向長江中之黃龍洲卷雪樓，近門建花臺與祠殿相對。神祠有前殿、後殿、兩廂及旌教祠，並設酒務所與酒官廨。

一向以收復河山為己任的陸游很崇拜甘寧，一到富池，就攜祭品參拜，瞻仰甘寧、甘寧夫人及其子紹威侯、紹靈侯、女柔懿夫人的神像。甘寧廟側還供有關雲長的神像。關雲長與甘寧是戰場上的老對手，按常理，甘寧廟是不應供奉關雲長神像的，但關雲長赤膽忠心，義薄雲天，力敵萬人，正與甘寧相類。因此陸游記道：「廡下有關雲長像。雲長不應祀於興霸之廟者，豈各忠所事，神靈共食，皆可以無愧耶？」陸游見昭勇祠祭享之盛，規模之大，讚歎道：「江上神祠，皆不及也。」

八月十四日晨陸游離富池繼續溯江而上，十五日，日記開頭回顧近幾天行程。「富池以西，沿江之南（陽新、大冶一帶），皆大山起伏如濤頭。山麓時有居民，往往作棚，持弓矢，伏其上以伺虎」，形象地描繪出一幅江邊狩獵圖。十六日，途經西塞山，目睹秀麗雄奇的風光，陸游讚不絕口，認為自過小孤山以來，臨江峰嶂沒有比得上西塞山的。他特別指出，這裡的西塞山，正是玄真子《漁父》詞所謂「西塞山前白鷺飛」者。十七日，陸游離散花洲，繼續溯江而上，進入四川。他在川陝生活八年，是詩歌創作收穫最多的時期。

淳熙二年（1175 年），范成大鎮蜀，邀陸游至其幕中任參議官。

五年（1178年）春，陸游離蜀東歸，再度經過散花洲，作《好事近》詞曰：「溢口放船歸，薄暮散花洲宿。兩岸白蘋紅蓼，映一蓑新綠。有沽酒處便為家，菱芡四時足。明日又乘風去，任江南江北。」夜泊西塞山，天上一輪明月倒映在江心，夜風將山前人家的笛聲拂來，又勾起陸游家國之念，作《排悶絕句》道：「西塞山前吹笛聲，曲終已過洛陽城。君能洗盡世間念，何處樓臺無月明？」是呀，如果你能拋棄一切世俗的名利慾望，那麼無論在哪裡，樓臺上的月亮都會是明亮皎潔的。

陸游經富池，又泊舟進甘寧廟祭奠，作《祭富池神文》曰：「某去國八年，浮家萬里。徒慕古人之大節，每遭天下之至窮。登攬江山，徘徊祠宇。九原孰起？孤涕無從。雖薄奠之不豐，冀英魂之來舉。」強烈地表達了對神靈護佑、九州一統的渴望。

歷史人物與地方民俗

——甘寧對陽新民俗「三月三」廟會文化形成的影響

趙海林

　　中國歷史人物眾多，能夠讓平民百姓銘記的恐怕不多，若能夠被銘記且又受到奉祀的歷史人物更是鳳毛麟角。大凡至今仍被人們頂禮膜拜的歷史人物，一種是對中華文化產生深遠影響的人物，一種是對某個民族或區域作出過重大貢獻的人物。其思想及事蹟主要是通過歷史典籍記載、民間口耳相傳和廟會祭祀活動等途徑得以廣為流傳。而廟會文化則對當地民俗的產生和形成起到了催化作用。

　　在中國大地上，除了佛寺道觀，以歷史人物命名的廟宇並不多，遍布最廣的恐怕要數孔廟了。孔廟也稱文廟或夫子廟，是我國歷代封建王朝祭祀春秋時期思想家、政治家、教育家孔子的廟宇。每逢九月二十八日孔子生日，各地的孔廟都要舉行祭孔大典，其大典中的樂、歌、舞、禮為一體的綜合性藝術表演形式已成為重要的民俗事象。

歷史人物的廟宇是敬順仰止之地，是為奉祀聖賢而特建的，如果一個人死後，能夠被後人立廟奉祀，足可以名垂青史了。

　　在以歷史人物命名的祠廟中，有一種很奇特的文化現象，就是以三國時期人物命名的祠廟居多，最著名的是奉祀關羽的廟宇關帝廟，又稱武廟，幾乎可以與孔廟比肩。有的地方建三義廟，合祀劉備、關羽、張飛。在四川成都建有蜀主「劉備廟」和三國著名政治家諸葛亮的「武侯祠」；四川白帝城建有「張飛廟」。據史書記載，在湖北宜昌曾建過「曹操廟」，後被毀。

　　三國時期，江南歸吳，在湖北陽新大王鎮建有「大王殿」，奉祀的是吳主孫權；在太子鎮建有「太子廟」，奉祀的是吳國末代皇帝孫皓。在富池鎮建有「甘寧寺」，奉祀的是吳國大將甘寧。前二帝生前雖然尊貴，然死後卻遠不及甘寧在當地百姓心中的地位，甘寧對當地民俗「三月三」廟會文化的形成產生了巨大的影響。

一、甘寧與陽新

　　據《三國志・吳書・甘寧傳》載：「寧雖粗猛好殺，然開爽有計略，輕財敬士，能厚養健兒，健兒亦樂為用命。」吳主孫權曾曰：「甘興霸雖粗豪，有不如人意時，然其較略大丈夫也」，「孟德有張遼，孤有甘興霸，足相敵也。」可見甘寧在孫權心中的地位。《三國演義》中著名的一回，關羽單刀赴會，甘寧率兵設伏，幾次欲殺關羽，若非魯肅阻攔，關羽恐難逃一劫。

那麼，甘寧與陽新有什麼連繫呢？

據《三國志・吳書・甘寧傳》載：「寧隨魯肅鎮益陽，拒關羽。羽號有三萬人，自擇選銳士五千人，投縣上流十餘里淺瀨，云欲夜涉渡。肅與諸將議。寧時有三百兵，乃曰：『可復以五百人益吾，吾往對之，保羽聞吾欬唾，不敢涉水，涉水即是吾禽。』肅便選千兵益寧，寧乃夜往。羽聞之，住不渡，而結柴營，今遂名此處為關羽瀨。權嘉寧功，拜西陵太守，領下雉、陽辛兩縣。」

這段記載第一次將甘寧與陽新連繫在一起。這段記載同時為我們提出了一些問題。陽新在漢高祖六年置縣，名為下雉，那麼又何出領陽辛、下雉兩縣呢？《三國志・吳主傳》中載：「二十四年，馬忠獲羽及其子平，遂定荊州。二年四月，劉備稱帝於蜀。權自公安都鄂，改名武昌，以武昌、下雉、尋陽、陽辛、柴桑、沙羨六縣為武昌郡。」這說明下雉在漢末已劃為下雉、陽辛兩個縣。下雉在臨近富池的南塍，陽辛即是今富水的陽辛村為中心的區域。這段文字中的「二十四年」指的是建安二十四年（220 年），是漢獻帝的年號；而「二年四月」指的是黃初二年（222 年），是魏主曹丕的年號，也就在這一年，吳主孫權改夷陵為西陵。

甘寧作為折衝將軍（沖為古戰車之一種，「折衝」有使敵人戰車撤退，擊潰敵軍之意，故以名官。又稱為常勝將軍）官拜西陵太守，西陵與陽新相隔千里之遙，又何以「領陽辛、下雉兩縣」？

據我之推斷，甘寧雖名拜西陵太守，並沒到任，屬於「實授虛領」。因為當時的西陵（今宜昌）實際掌握在蜀國的手中，當初劉備

借荊州，卻借而不還，孫權為表示夷陵是吳國的領土，故設西陵太守一職，以示主權。也就是說，甘寧雖拜西陵太守，卻無法到任，實際領轄著下雉、陽辛兩縣。如果此推斷成立，那麼在甘寧死後，當地百姓為他修寺奉祀也就順理成章了。

關於甘寧之死，《三國志·吳書·甘寧傳》：「寧卒，權痛惜之。」至於甘寧是怎麼死的，大多數學者傾向是病故於夷陵之戰前後，其部隊被潘璋所並。還有一種說法，甘寧在建安二十年（215 年）打合肥時戰死。不過在《三國演義》中，甘寧是在吳蜀夷陵大戰中，帶病出陣，被蜀國蠻將沙摩柯一箭射中額頭，此後逃到一棵大樹下坐著死去。

但是《三國志》中記載，參與三國最後一次大戰役夷陵之戰（前兩次為官渡之戰和赤壁之戰）的將領中，並無甘寧，在吳軍中陸遜、潘璋、朱然等是主要將領。如果甘寧是西陵太守，而沒有參加夷陵之戰，似乎是不可能的，也就是說，夷陵之戰時，甘寧要麼病重，要麼就已去世了。

在富池當地則流傳著甘寧是與蜀軍作戰時，被箭射中而亡。當地至今有地名「拔箭港」，傳說是甘寧中箭後在此拔箭。還流傳著「富池的烏鴉開不得口」「甘寧斬馬」等許多傳說，這些故事傳說，折射出甘寧「輕財敬士、能厚養健兒」的性格，也反映出百姓對甘寧的愛戴之情。

關於甘寧的安葬之處，也有多種說法，一處是陽新的富池口，《大明一統志》記載：「甘寧墓，在興國州東六十里軍山之陽。寧，

吳將也。」另，《湖廣通志》中載：「三國將軍甘寧墓在興國州東六十里軍山之陽。」一處是四川通江甘谷，《四川通志》中記載：「甘寧墓，在通江縣西百里，謂之甘谷，寧為吳將，歿，歸葬於此。」一處在南京直瀆山，明清《一統志》載：「甘寧墓在直瀆山下。寧，吳將。」還有一處在甘寧的故鄉四川萬州甘寧鎮，甘寧村，這裡建有甘寧墓冢墓碑。

《三國志·甘寧傳》中還有這樣的記載：「遂授寧兵，屯當口。」甘寧屯兵的當口，有人說就是陽新的富池口。以甘寧「輕財敬士、能厚養健兒」的性格，在領轄陽辛、下雉兩縣百姓時，一定會輕賦稅，重民生，故而贏得了陽辛人民的尊重與懷念，使紀念甘寧成為一種傳統的民俗事象。特別是宋以來，把只有五品的折衝將軍甘寧，抬升到了王的地位。宋太祖開寶五年（972 年）封褒國公。宋神宗元豐五年（1082 年）加號褒國武吳公。高宗建炎四年（1130 年）加封昭毅武惠靈顯王。紹興二十一年（1141 年）加封昭毅武惠遺愛靈顯王。這也就解釋了富池百姓為什麼把甘寧當作王一樣的等級來奉祀了。

二、甘寧與甘寧寺

富池甘寧墓原建在長江之濱，墓園為三級平臺組成，一級平臺築有三孔門樓，二級平臺建有石牌坊，兩邊擺放石像石獅各一對，兩頭石獅一頭可發出銅音，一頭可以發出鐵音，三級為甘寧墓冢，墓後立有一塊八尺高的「聖旨墓碑」，刻有「大清世宗雍正七年奠」。墓前有石供桌一個，兩側有石雕戰馬兩匹，其中一匹只有馬身而無馬首，

傳說這匹戰馬就是甘寧生前的坐騎。這座甘寧墓應該是清雍正年間重修的，在「文革」期間被嚴重毀壞。

那麼甘寧寺始建於何時？現已無法考證，但我們可以從歷史文獻中尋找出一些蛛絲馬跡。甘寧寺當地人都叫吳王廟，這就有些奇怪了。三國時期，二二二年孫權稱吳王，二二九年稱帝。吳國有四代稱帝，即孫權、孫休、孫亮、孫皓，其中只有孫權建國有功，形成三國鼎立之勢，致使曹操也不無感慨「生子當如孫仲謀」。後三位除亡國之君孫皓初即位時還有點作為，中間二位乏善可陳。所以當人們提起三國吳王時，自然會想起是孫權。而甘寧是吳國一個只相當於五品的折衝將軍，何以也被人們稱為吳王？那是因為南宋高宗皇帝趙構在建炎四年（1130 年）加封甘寧為昭毅武惠靈顯王，於紹興二十一年（1141 年）又加封昭毅武惠遺愛靈顯王。這樣一來，老百姓稱甘寧為吳王就不足為怪了。

富池口至少早在北宋之前就建有甘寧祠，北宋詞人張耒在他的詩作《自盧山回過富池隔江遙禱甘公祠求便風至黃瀝》中寫道：

江邊古祠吳甘公，往來祭禱嚴且恭。
我離匡山已經宿，舟挽不進篙工慵。
沙邊朝服遙致禱，澆酒未竟天迴風。
一帆百里至還作，不徐不疾來雍容。
我生久已甘困滯，神亦何事特哀窮。
但疑神理與人異，意誠詞直無不通。
林皇夜泊若平地，疑有鬼物驅蛟龍。
天明旗腳向北指，舟子笑語開船篷。

張耒在宋徽宗初，召為太常少卿，是蘇門四學士之一。此詩首句「江邊古祠吳甘公，往來祭禱嚴且恭」說明在北宋時甘寧祠已被稱為古祠，由此可見甘寧祠修建年代之久遠。隔江能遙看甘寧祠，亦說明甘寧祠的建築應該是非常的雄偉。

據傳，當年岳飛為鎮壓以楊么為首的洞庭湖農民起義軍，駐軍富池口操練水軍，曾對甘寧祠進行過修葺。

一九八五年，當地政府為保護文化遺產，在鎮東南的大嶺山下新建一座甘寧公園。將甘寧墓、甘寧寺搬遷到甘寧公園之內，並進行了重新修建。甘寧公園地處富池一狹長的山谷之中。山谷蜿蜒，兩邊是蔥蔥鬱郁的山巒。依次建有石牌坊、甘寧雕像、古戲臺、甘寧寺、甘寧墓、桂園等建築群，氣勢宏大，環境幽靜，是人們憑弔甘寧和休閒旅遊的好去處。

三、甘寧與富池三月三廟會

三月三，古稱上巳節。相傳三月三是黃帝的誕辰，中國自古有「二月二，龍抬頭；三月三，生軒轅」的說法。魏晉以後，上巳節改為三月三，後代沿襲，遂成郊外春遊的節日。

富池三月三廟會活動源於何時，似無可考，如果上巳節於魏晉改為三月三是可信的話，那麼富池的三月三廟會活動也應該始於此。三國與魏晉兩個時代緊密相連，許多著名歷史人物可以說是三國時期的，也可以說是魏晉時期的，如曹丕建魏、司馬炎代魏建晉，吳國直

至西元二八〇年才被晉朝所滅。由此推理，甘寧死後，或是吳主或是民間為其建墓修祠，恰逢上巳節定為三月三，這天，富池當地的人們沐浴春遊，采薺菜花，齊聚於甘寧寺前，祈福禱告，以求平安，逐漸成為當地民俗，千年沿襲，至今不衰。

上巳節，在漢以前定為農曆三月的第一個巳日，這一天人們要進行春沐，把薺菜花鋪在灶上以及坐、睡之處，認為可除螞蟻等蟲害；把薺菜花、桐花藏在毛衣、羽衣內，認為衣服可以不被蟲蛀；婦女把薺菜花戴在頭上，認為可以不犯頭痛病。《論語》中有：「暮春者，春服既成，冠者五六人，童子六七人，浴乎沂，風乎舞雩，詠而歸。」寫的就是上巳節的情形。

陽新富池三月三廟會活動，主要內容有吳王廟祭拜法事，神像洗沐更衣，抬神像巡遊，踏青遊園，祭掃甘寧墓，唱大戲，施齋飯，搶綵球等儀式。

隨著時代的進步，廟會活動不僅僅只是祭拜人們心中的英雄，而是賦予了它更多的內涵和象徵意義，體現的是一種迎春的心情，一種精神的愉悅，一種傳統文化的積澱，一種民族精神的再現。

富池三月三廟會現已被列入湖北省非物質文化遺產保護名錄，它將以其獨特的民俗事象，豐富的文化內涵，在陽新這塊古老的土地上煥發出新的光彩。

甘寧與三月三，將成為陽新一個永恆的文化符號。

第三章

民俗傳承

甘寧的傳說

玉　岸

　　甘寧，字興霸，巴郡臨江（今重慶市忠縣）人，祖籍荊州南陽郡。是三國時期吳國的大將，為著名的水軍將領。為人勇猛剛強，忠心耿耿，打仗常衝鋒陷陣，一生建立了無數戰功。

　　建安十三年（208 年），甘寧歸吳見用於孫權，從此大有作為。他破黃祖據楚關，攻曹仁取夷陵，鎮益陽拒關羽，守西陵獲朱光，濡須之戰時百騎劫曹營。孫權說：「孟德有張遼，孤有甘興霸，足相敵也。」甘寧智勇雙全，戰功顯赫，仗義疏財，深得士卒擁戴，吳王賞識，被孫權封為西陵太守、折衝（常勝）將軍。統陽辛、下雉兩縣。西元二二二年，蜀漢與孫吳之間夷陵之戰對峙激烈，此時，甘寧身患重病，仍未下火線。他一邊在船中養病，一邊待命殺敵。有一天，他聽說蜀兵已近，急忙登岸上馬，率部往迎，遇一旗蠻兵，這些人皆披髮跣足，使弓弩長槍，搪牌刀斧。為首的是五溪番王沙摩柯，生得面如噴血，碧眼突出，使一個鐵蒺藜骨朵，腰帶兩張弓，威風抖擻。甘寧見其勢大，未敢直接交鋒，撥馬回走，沙摩柯乘勢來追，拔箭射

出，正中甘寧額頭。甘寧帶箭而走，逃到陽辛富池口江邊的一棵大樹之下，坐著死去，其時樹上群鴉數百，圍繞其屍，久久不散。吳王孫權得到甘寧已死的消息後，悲痛不已。取得夷陵之役的勝利後，便在富池口龍光山下立昭勇廟祭奠他。後人有詩嘆道：

吳郡甘興霸，長江錦幔舟，
酬君重知己，報友化仇讎。
劫寨將輕騎，驅兵飲巨甌，
神鴉能顯聖，香火永千秋。

甘寧死後，一直被富池的百姓供奉祭奠，如今富池鎮有甘寧墓遺址。從那以後，甘寧的故事在富池一帶，代代相沿，流傳至今。

吳王的神鴉兵

甘寧死後，得以建廟享祭。富池的吳王廟（即昭勇廟），便是祭祀甘寧之所，方圓百里的老百姓都會逢初一、十五到這裡來拜祭他。宋代時，吳王廟被封為神祠，南宋時，甘寧更被加封為「昭毅武惠遺愛靈顯王」，從此，甘寧便在一些小說作品中被稱為「吳王」，吳王廟成為當地一大名勝。明、清二朝，吳王廟仍續有修建，其氣勢更比以前肅穆恢弘。而吳王廟前聚集的烏鴉，都被稱為吳王的「神鴉兵」。就如蒲松齡《聊齋誌異》中描述的「竹青」故事一樣，這些烏鴉是有靈性的。

俗話說：天下烏鴉一般黑，人們大抵認為這句話是不錯的。但

是，在陽新富池吳王廟戲臺和對岸江邊的老苦丁刺樹上棲居的烏鴉，卻是白脛烏鴉。據說，這些吳王的「神鴉兵」就是甘寧中箭死亡後，圍繞著他的屍體，數日不散的數百隻烏鴉的後代，是吳王麾下戰死疆場的勇士們的忠魂所變。

吳王生太子

吳王廟供奉的甘寧神像威武莊嚴、氣度不凡，旁邊供奉的一位娘娘塑像，也是端莊秀麗、儀態萬方，更在兩側塑有兩個虎虎生威的太子立像。人們參拜這些神像時，個個肅然起敬。

說起這些塑像，原來大有來歷：相傳很早以前，有一位放木筏的湖南客商，在富池停筏避風。隨行船隻載著客商的家眷，一位小姐是客商的愛女，一位夫人是客商的太太。小姐生得是花容月貌，秀麗清雅。這天晚上，有一隻蜜蜂飛到小姐耳邊鳴叫，「從不從？從不從？」小姐感到奇怪，不敢做聲。第二天，蜜蜂又來，如此這般鳴叫了三天，未肯離去。於是，小姐將此事告訴了母親，夫人說：「如若明天再來，你便答應『從』！」翌日，蜜蜂果然又來，「從不從？」小姐回答說：「從！」蜜蜂便繞其周身一圈，將她蜇死。客商夫婦悲傷至極，便將愛女葬於江邊。

一年後，富池鎮出現了一大怪事。說是有一天夜晚，一位接生婆被人請去接生，幫助產婦產下了雙生子，回到家中，發現自己的抹腰忘在了產婦家。她急忙原路返去，卻再也找不到剛才的處所，只好悻

悻而歸。第二天，接生婆去吳王廟敬香，發現自己的抹腰正搭在吳王的神龕邊。再看看吳王塑像，卻是那戶人家的主人。回想昨夜的情景，她恍然大悟，始知是吳王請她去接生。事情一傳開，當地人便根據接生婆描述的形象，修了一尊娘娘像，和兩尊太子像，置於殿前一併供奉。人們看那位娘娘的形象，卻正是湖南客商的那位愛女。

從此，富池的吳王廟，就一直供奉著吳王、娘娘、兩位太子四尊神像了。

甘寧斬馬

在富池口大嶺山下，有一座建造壯觀的墳墓，相傳埋葬的是三國東吳大將甘寧，墓前有一個高大的石拱門，兩邊各蹲著一座石獅；墓的兩旁還立著兩匹石馬，其中的一匹沒有馬頭。為什麼沒有馬頭呢？有個傳說。

當時，孫權建都武昌（今鄂州），派大將甘寧鎮守要地富池口。由於連年戰爭，百姓的日子過得很苦。甘寧體貼百姓疾苦，立下軍令，貼出告示：將士不得糟蹋百姓的莊稼，違者當斬。

有一次，甘寧的飼馬官沒有看好戰馬，吃了百姓的莊稼。甘寧按軍法要斬飼馬官和自己的戰馬。飼馬官向甘寧求情道：「將軍，要斬就斬我吧！這是我的過失。畜生無知，不應同等論罪。」甘寧素來愛護將士，也愛自己的戰馬，實在捨不得殺掉，可是想到軍令如山，還是橫下心來，說：「我們不能沒有軍法，有了軍法不能不執行。要

不，就會失掉軍心，失掉百姓，將來必吃敗仗。」說完，親手斬了飼馬官和自己的戰馬。從此，這匹戰馬就沒有頭了。

甘寧戰死以後，人們為他建造了一座墳墓，還雕了一匹石馬，不料後來又多了一匹沒有頭的石馬，傳說是甘寧的那匹戰馬又回到了他身邊。

吳王救災

從前，本縣大王鎮費姓有一位京城解糧官，有一次解糧，因為生病，不能親自隨行，便叫他的兒子代他押運。兒子年輕氣盛，想顯擺一下自己的威風，把皇旗掛到桅杆上。當船隊行到富池口靠岸時，當地百姓看到皇旗，誤認為是朝廷下發的救災糧，便一哄而上，把船上的糧食都搶光了。這下可就糟了，解糧官惹下了殺頭大禍。他趕到富池口，見事情已無法挽回，正準備投江自盡時，忽然，岸邊有一位老人走上船來，用腳踏住糧斗，對解糧官說：「你放心，明天你用此斗量糧去交，會有糧的。」

第二天，解糧官真的用老人踩過的糧斗去量糧交差，糧食果然如數交齊，還剩下三斗。解糧官如釋重負，心情好極了，回到富池口，他便上岸，來到吳王廟燒香謝神，抬頭間，突然發現，上座的吳王就是昨天上船的老人，這才知道，是吳王用他解押的糧食拯救了當地災民，又作法救了他的命。從此，富池百姓和大王費姓的人都把吳王當作救命恩人供奉。直到現在，大王費姓的人還在宗祠供奉著吳王神

像。他們凡生男丁，次年的正月初一至十五，都要在吳王的神像前點上一盞香油燈，以示對吳王的敬奉。

富池三月三
——風情搖曳的美麗節日

黃治文

　　情同野火燒不盡，適逢春風吹又生。盛名遠達三州縣，青絲皓首皆趨之。年盛一年的富池「三月三」廟會，到底是一個什麼樣的節日呢？它歷經千年，經久不散的魔力到底又在哪裡呢？我想告訴諸君：這個風情搖曳的美麗節日——其實近似於是我們這裡的「情人節」。

　　富池三月三廟會是漢族地區已經十分少見的古老的踏青節的活化石，是承載著鄂東南區域祭祀習俗、戰神甘寧崇拜和三月三節令風情等多種傳統文化成分的複合載體。特殊的地理位置和歷代朝廷對戰將甘寧的不斷追封賜享，更是使這個獨特的「三月三」廟會具有了深厚的歷史背景和濃重的地方文化特色，得以千年傳承，在周邊數縣有著強大的影響力。

　　這段文字，表面上看是將其內涵分為了三層，實質上卻是在說明一個觀點——甘寧祭祀隨著古老而風情獨特的三月三踏青節的傳承，

已成為地方廟會的民俗特點。

在我們所有的節日中，唯有源遠流長的「三月三」是最具綽約風情的。

「三月三」起源於古代的「上巳節」，是古人春日洗滌沐浴、遊春踏青的日子，也是青年男女在野外相會，表達愛意的特好時機。在神話中，制定它的是女媧，她分陰陽，定姻緣，制定了自由戀愛的上巳節。

早在《詩經》時代，就有了情人節般的「上巳節」的記述：

溱與洧，方渙渙兮。士與女，方秉蘭兮。女曰：「觀乎？」士曰：「既且。」「且往觀乎？洧之外，洵訏且樂。」維士與女，伊其相謔，贈之以勺藥。

春水流淌，手拿蘭花的青年男女們在河邊徜徉談笑。這是一個誰都可以任性的日子，她在人群中看到了為之心動的他，大膽的她走過去說：「嗨，去那邊看看怎麼樣？」他愣頭愣腦地回答：「已經去過了。」她好像喜歡上了這愣小夥，鎮定而調皮地說：「那就再去看看唄，那邊多好啊！」暗示他這次也許會有點希望。他們一路笑鬧，在清清的河水邊以勺藥相贈。

這個節日不光屬於青年，連成年人也是有憧憬的理由的。

《論語》記述，孔子曾與他的四個學生閒談各自的理想與志趣。曾晳說：「暮春者，春服既成，冠者五六人，童子六七人，浴乎沂，風乎舞雩，詠而歸。」曾晳說他的理想是暮春三月，脫去冬衣，穿上

春服，陪同一夥成年人，帶上一群小孩子，在沂水河中戲水沐浴，到舞雩臺樹下吹吹風，然後唱著歌一路回家。孔子聽後，「喟然嘆曰：『吾與點（曾皙）也！』」。看來這樣的節日，同樣使曾參之父和孔夫子這樣的中老年人也十分羨慕與嚮往。

更有甚者，《周禮》赫然記著：「仲春之月，令會男女。於是時也，奔者不禁。」要是到了男三十，女二十的「若無故而不用令，罰之。」

在地廣人稀的古代，生存和繁衍是天大的要務，聰明智慧的先民適時而動，踩著大自然的節律，迎著萬物甦醒的明媚春光，滌除一冬的蒙垢，換上輕快的春裝，伸展人性，自由地投入春天大自然的懷抱，身心煥然一新，讓生命勃發生機，與天地之理並行不悖，是民族生生不息的力量源泉。

時光流轉，歲月悠長，許多習俗消失在歷史的長河裡，「三月三」卻穿越了漫長的時空。到了唐代李白有「最憶三月三，李白三人行，我欲醉曲江，胡為勞其生」。杜甫有「三月三日天氣新，長安水邊多麗人」的詩句。可惜，宋代以後禮教漸嚴，男女私會不被容許，這個節日也日趨沒落，最終被人們遺忘。踏青也改在清明進行。不過，幸好西南少數民族仍然保持了三月三這一節日風俗。

所以，富池至今有此節日的確是十分難得，細心觀察我們不難發現，它仍然保留著許多在別的祭祀活動或其他節日所看不到的特有風情。高高的祭桿上掛滿了與預示情愛、問婚求嗣密切相關的綵球，上頭畫有「日」、「月」之形；祭場並不肅穆，演場歡歌曼舞；舞者綵

衣飄拂，香客著裝時尚；連「吳王」、「娘娘」的巡遊身像也是華彩豔麗，並且成雙作對出場，這是非常罕見的祭祀組合情景。姑娘、小夥扎堆到來，戀人、夫妻成對出現；老年人閒坐，年輕人遊走。你還可以發現，在「吳王」的坐轎前，並排放置著一缽沙子和一缽草籽，那是生命繁衍的象徵。凡此種種跡象讓人覺得這就是一個嫁接甘寧祭祀避過禮教打擊成功傳承的傳統三月三風情節。難怪到了清代，蒲松齡老先生也借吳王之名寫了一篇「女神烏」——漢水女神「竹青」在吳王廟婚配湖南落難書生的怪誕愛情故事。每每看到富池男女老幼全體盛裝出動，舉行三月三廟會，我就覺得其景況頗似盛唐。

三月三富池廟會
之觀感

趙海林

　　三月三，古稱上巳節。相傳三月三是黃帝的誕辰，中國自古有「二月二，龍抬頭；三月三，生軒轅」的說法。魏晉以後，上巳節改在三月三，後代沿襲，遂成郊外春遊的節日。

　　富池三月三廟會，承襲著千年的習俗，成為祭祀甘寧的民俗事象。甘寧是三國時期東吳第一猛將。孫權對其十分器重，封他為西陵太守，實際領陽辛、下雉兩個縣。因被蜀國蠻將沙摩柯一箭射中額頭，甘寧逃到富池口一港邊，坐在一棵大樹下拔箭而亡。當地百姓將甘寧屍體葬於長江之濱，後人把甘寧拔箭之地稱為「拔箭港」。從此，每逢三月三，富池人都要到甘寧墓前祭奠，相沿成俗，已越千年。

　　甘寧公園地處富池東南處一狹長的山谷之中。山谷蜿蜒，兩邊是蔥蔥郁郁的山巒。杉、松、樟、柏，還有不知名的花草間夾其中，便

有了綠、翠、紅、藍、褐不同的層次感。身處其間，處處春色，令人心曠神怡，流連忘返，陶醉其間……當我沉浸在甘寧公園的美景時，一撥一撥的人擁了進來。他們每人手中或拿五彩紙紮，或拿香火，或拿鞭炮，摩肩接踵，相擁而入。一時間，整個甘寧公園已是人山人海，人聲鼎沸，鞭炮之聲不絕於耳！

富池三月三廟會拉開了序幕！隨著洶湧的人流前行，我發現男女老少，每個人的臉上都洋溢著春天般的笑意。這個祭奠親人而帶點憂傷的節日，在這裡卻變成了一個充滿快樂的踏青活動。人們自發地從四面八方趕來，懷揣著一種美好的願望，一份虔誠的膜拜，來這裡祭奠他們心中不死的英雄！我不禁聯想，一種傳統的民俗活動，不用鼓動組織，為何人們都樂於參與其中？我雖然知道，這是一種民間的祭祀，一種民間的祈福，表達著人們對美好幸福生活的追求與願望，可我總覺得這種解讀過於淺薄和無知了。走著走著，忽覺得腹中叫喚。原來是為趕赴富池廟會，忘了吃早餐。正尋覓何處有早餐點，卻發現甘寧寺旁有眾人手拿紙碗，排隊領取免費的齋麵。我亦上去要了一碗，麵裡有豆腐、豆芽、青菜、蘑菇，吃上一口，清香撲鼻，滑嫩爽口。我端著碗來到甘寧公園戲臺前，邊吃邊欣賞著精彩的文藝演出，盡情享受著春光和歌聲的交融……

每當民俗歌舞表演時，總能迎來聲聲喝采；而當現代歌舞表演時，效果則遜色許多。這似乎又給了我一點小小的啟示。

於是，我獨自漫步於甘寧公園的每個角落，瞻仰甘寧雕像之偉岸，暢飲「甘泉」水之清冽，尋訪甘寧寺之久遠，漫遊桂花園之寧靜……以尋找我心中的答案。

正午時分，忽聽得鑼鼓喧天，嗩吶嗚嗚，只見兩面黃旗引路，旗後是眾人抬著香案，隨後是一眾壯男抬著甘寧坐像，一眾淑女抬著甘寧夫人坐像來到甘寧墓前。此刻甘寧著皇冠龍袍，其夫人鳳冠霞帔，端坐於甘寧墓之兩旁。所有的人都集聚到甘寧墓前，等待著廟會高潮的到來——搶綵球。不到一分鐘，數百個綵球連同竹枝竹葉就被搶奪一空。如願者，臉上蕩漾著滿足的笑意；不如願者，亦看不到一絲的沮喪。這時，草坪上有幾個老者拿著不同的民間樂器開始表演，其中一個手臂上戴有「富池三月三廟會總指揮」袖標的老者，伴著鼓樂開始吟唱，由於人聲嘈雜，聽不清他所唱的內容，但那原生態的民間唱腔，令人備感親切！老者唱畢，在激揚的鼓樂和鞭炮聲中，人們抬起甘寧及其夫人的坐像開始了遊春踏青，他們抬著這兩座他們心中的保護神，把美好的祝福送到每家每戶，以祈求一年的風調雨順，平安吉祥！

　　望著漸漸散去的人流，我似乎有點明白了：三月三，只是一種心緒，一種精神的愉悅，一種傳統文化的積澱，一種民族精神的再現，千百年來支撐著當地百姓，一步一步走到今天……

董熬公志
守甘寧墓

張吉滿

　　下雉董繼宋員外是百萬富豪，女兒董迎君於東漢建安十一年（207 年）八月與甘寧將軍配為夫妻。二一〇年大兒子應召出生，二一二年女兒麗萍出生，二一四年二兒子應奐出生，二一六年三兒子應章出生，二一八年小女蓮青出生。甘寧死後，董迎君將三兒二女帶回董家沖娘家住，靠外公撫養成人。

　　為了女婿墓守之事，董員外將遠房大哥熬公安排到富池，做官廳，建花園，買田地，置業產，從此落業，子孫守墓。當時，董熬公置辦一套石碾，有米業加工，另外，購買船隻打魚，渡人過江，造酒，做豆漿，開屠鋪。他手下有六位長工，幾年後也積攢了萬貫家財。於是後代一直定居富池口，守業有成，守墓有序，世代傳承，家族興旺。直到一八四〇年鴉片戰爭爆發，董家才復遷到老家去，以後由富池本地紳士們輪流看管墳墓。

一九三八年日軍侵略中國來到富池後，紳士們也各自逃命，甘寧墓無人看管了，導致墳墓荒蕪，御賜金匾被盜。

董熬公守墓時與當地張氏後人為友，朝中經常也有官員下來巡視，連繫當地百姓。後來科舉之時，張氏後人張遠銀考上翰林學士，專管科舉，也就是筆者的曾祖，在朝監考十三年，後因病告老還鄉。

非物質文化遺產守護人代表

—— 記張吉滿先生二三事

石聿海

　　張吉滿，六十九歲，家住富池鎮金堡村王墳組，原叫王墳隊。張吉滿曾祖張遠銀曾為清翰林學士，專管科舉，在朝做主考官十三年。其遠祖張新元，與守墓人董熬公相善。張氏一家一直以來同富池居民一樣，尊敬甘寧將軍，自覺地為保護將軍墓做了大量有益的工作。至張吉滿這一代，遇著「文革」時期「破四舊」，一九六七年，富池磚瓦廠擴建磚窯，聽說要挖掉甘寧墓所在的眠牛山，張吉滿感到在這樣政治背景下，甘寧墓這珍貴的文物怕是難以保得住了。為防萬一，他用了幾天的時間，趁著早上或是下雨天，沒人注意的時候，戴著斗笠穿著蓑衣，冒著「破四舊」頂風而上挨批鬥的危險，將甘寧墓中所有的文字都一字不差地抄錄下來，連墓碑的尺寸、形狀、擺放秩序等都寫得清清楚楚。

　　抄寫完後，張吉滿總算鬆了口氣。接著，縣工業局一位劉姓局長帶隊，將推土機開來了，這時，張吉滿早已組織了王墳隊的一夥青年

準備阻止推土機，可是，以磚瓦廠一項姓造反派為首的一夥人，人多勢力大，終於沒能阻止住他們推掉了珍貴的文物——甘寧墓。令張吉滿慶幸的是，幸虧他之前做了準備，抄錄了全部文字記錄，否則，失去甘寧墓的碑刻記載，是一個不可彌補的損失。

近年，張吉滿根據自己多年蒐集到的相關資料，以一個只讀四年書的水平，在撰寫一本關於甘寧及甘寧墓的書，書的首頁，他把原甘寧墓的墓碑形圖畫得惟妙惟肖，確實是難能可貴。

這次，聽說富池鎮在申報富池三月三廟會為國家級非物質文化遺產項目，他主動找到相關人員，把自己所保存的資料交到申遺小組人員手上，並說要為富池三月三廟會申遺作貢獻，還提供了董氏守墓的相關資料，這為我們申遺小組苦苦尋找的「時娶下雉董氏女為妻」找到了依據。他就是富池人自覺保護非物質文化遺產的代表。

吳王雕像
勝於家產

袁河流

　　彭達柏，男，一九三八年出生，富池鎮人，是「富池三月三廟會」重要的傳承人之一。其祖父在清朝是一個讀書人，父親是那時的頭人，整個家族非常尊敬甘寧將軍。在抗日戰爭時期，日軍入侵富池，百姓都到外面避難，其祖父寧願捨棄全部家產，卻身背吳王的木雕像帶著家人逃難。後到富池雞籠山山頂居住，祖父每天都不忘給吳王敬香，就在這期間彭達柏出生了。再後來，彭達柏一家返回富池，父親用籮筐把吳王的木雕像和彭達柏一起挑了回來。回到富池後，其父親就把吳王的木雕像送回吳王廟。其祖父和父親經常教導彭達柏，千萬不能忘記這件事。從此，供奉吳王在彭達柏的心裡打下了深深的烙印。彭達柏從小就跟祖父和父親參加廟會，後來又無數次組織並參與富池三月三廟會的各項活動。

二〇一三年
富池三月三廟會

尹海霞

　　四月十二日，由陽新縣文體局、富池鎮人民政府聯合主辦的「陽新縣第二屆富池民俗文化節」，以及一年一度的「富池三月三廟會」在富池鎮甘寧公園舉行。此次活動是以文化部門為主導，政府部門為服務的民俗文化活動。省非遺保護中心辦公室主任朱林飛，市民協副主席、秘書長柯小傑，縣文體局副局長趙海林，縣文體局副主任科員呂燕，富池鎮黨政主要負責人等參加了活動。省市縣電視臺、報社、網站等媒體進行了跟蹤採訪報導，省市縣攝影協會成員、文學愛好者，以及來自武漢、黃石、大冶、武穴、咸寧、江西瑞昌等周邊地區及本縣群眾四萬餘人參加了此次活動。

　　上午九點，在富池綜合文化站的有序安排下，開展了自導自演的民俗文藝節目演出，吸引了眾多遊客和群眾。期間，縣文化館進行了陽新布貼宣傳展示，縣圖書館流動車進行了免費新書推介，縣博物館

進行了宣傳展牌展示，富池鎮人民政府開展了招商引資宣傳。

中午時分，隨著彩旗開道，鞭炮齊鳴，鼓樂伴奏，從吳王廟請出的甘寧夫婦塑像被抬著走村串巷接受沿途居民虔誠跪拜後回到甘寧墓前。此時，「三月三」廟會的獨特民俗活動「搶綵球」把廟會推向高潮。空曠場地上，豎著一根枝葉茂盛的高大青竹，竹枝上扎有數百個綵球，近千群眾早已仰首守候。長竹放倒，人們哄搶而上，以搶到綵球為喜。搶黃球為求財，搶綠球為求女，搶紅球為求子，就連竹枝竹葉也被搶盡，寓意竹報平安。

下午二點三十分，參加「富池三月三廟會」暨陽新第二屆民俗文化節的省市縣專家、領導，在富池鎮政府三樓會議室召開了「富池三月三廟會」民俗學術研討會。會議由縣文體局副主任科員呂燕主持，富池鎮黨委副鎮長柯秀枝致歡迎辭，工會主席石聿海簡要介紹情況，富池鎮幾位民俗文化傳承人分別講述了富池廟會的由來、傳說故事，各位專家、領導展開了討論。大家認為，「富池三月三廟會」在鄂東南地區、贛西北鄰近地區群眾中有著廣泛的影響力，在中國歷史上留下了不少烙印，其有條件申報為國家級非物質文化遺產名錄，進行深入挖掘、保護和傳承。挖掘、搶救、保護富池三月三廟會文化，對正確弘揚堅毅勇敢的民族精神，促進精神文明建設和滿足當地群眾對節日文化生活的強烈需要，提高人民群眾素質，推動有鮮明地方特色的旅遊產業發展，構建社會主義和諧社會，都將產生重大的影響。

「富池三月三廟會」延續了一千多年，在二〇一一年被湖北省評為非物質文化遺產項目，是繼我縣國家級非物質文化遺產「陽新採茶戲」和「陽新布貼」之後又一重要的地方文化品牌。

省級專家
放行富池三月三

黃治文

　　一年一度的「富池三月三廟會」即將來臨。在富池，千家萬戶又將籠罩在熱烈的節日氛圍之中。而今年人們心頭更是蕩漾著一抹特別的榮光，因為「富池三月三廟會」這一陽新獨有的非物質文化遺產，最近終於通過了省級專家評審，將成為繼「陽新布貼」和「陽新採茶戲」之後又一重要的地方文化品牌，為今後申報國家級保護名錄奠定了基礎。

　　「富池三月三廟會」的省級申報工作是一次性成功的，但是作為這一項目的挖掘考證人，我卻一直是在沒有把握和惴惴不安中走過來的。因為，應各地社會經濟文化發展的需要，民俗類的非遺申報競爭已是白熱化。多年來，全省各地的廟會類的民俗項目申報，基本上都會被專家們無情地打回去，通常是優先放行傳統工藝類和文藝類的項目。這類項目許多地方屢報屢敗，可又捨不得放棄。就像大冶的「土

主會」和我們陽新的「接大王」，都是申報數次不得成功。記得二〇〇六年，全省有一百一十多個申報本子，打回一百餘個。當年黃石申報「西塞龍舟會」最後也是不得不發動地方高校，並請動武漢大學等多位著名專家的加入才成功的。廟會民俗類的項目之所以難以申報，原因應該有三方面，第一是「多」，各個地方與各種歷史名人相關的廟會和祭祀活動可以說是風起雲湧，各地旅遊業發展又亟須這種名人文化效應。第二是許多地方都迫切希望通過申遺將祖神祭祀活動置於非遺的保護傘下。第三是歷史文化內涵難以進行深入挖掘、學術價值難以定位。

即使有這些困難，但我們相信陽新的歷史文化底蘊是深厚的，領導也都了解並很重視；陽新的民間文化肯定有名堂，但是沒有大專家學者專門研究它，我們也沒有那麼多錢去請。難道就讓它永遠埋沒了不成。現實的選擇是我們自己去幹。熱愛也許就是最好的老師，就憑在基層文化部門吃了這二十多年飯，就應該參與幹成點什麼。有領導的支持，有基層文化站的熱情，有申報採茶戲的經驗，不怕鑽進故紙堆，不怕深入到民間，這事興許也能成。

的確如此，感動總是在行動之中，記得我多次去富池，文化站的領導和民間人士總是熱情接待，支持工作。有一次，我讓站長老戴替我到民間去請知情人，他請來了六十歲的柯先球、七十歲的尹合西，我就在站裡七問八問，折騰了他們老半天還是不放，說「還有沒有比你們更老的更了解的」，他們先介紹了一大堆先生，如：王仲子、周耀華、徐福生、陸泉生等，說有的人已經不在了，我說這些刻了碑、題了字、寫了文章的我都知道了，他們說有一位熟悉這事兒的成安之

老人還在，九十多了，走不動了，耳朵也不好了，我問「還能講話嗎」，他們說「能講」。我說「那好，我們去他家裡」。老人家弄明白我們的來意後端茶倒水的，有問必答。對一磚一石、一草一木、一字一句、一招一式的反覆追問，老人沉浸在對過去的回憶中，居然能講出其孩童時期所見的細枝末節。問啊講啊老人就累了，就要歇一下。要知道老人家的聽力不好，我每問一句就由柯先球在他耳邊大聲重講一遍。停頓中老人會突然說：左邊是「護國」右邊是「佑民」兩個字，剛才講錯了。我才知道老人不是在歇是在想。原來他沒有及時回答我的新的提問是他比我要認真些。從日午到日暮，老人就歷歷如數地為我再現了三月三廟會的滄桑流轉，給了我直接的啟示。我得出三個可信的結論：吳王廟會只能叫三月三廟會，這就是古代漢族「風情節」的活化石；吳王祭祀就是「荊臺古祭」的變版留存，它一脈相承流傳至今；祭甘寧就是祭「長江戰神」，傳遞忠毅勇武的民族精神。我相信就是如這位九十歲的老人這樣的人們打動了我，也打動了專家。

富池「三月三」
廟會民俗學術研討會紀要

羅曉華　尹海霞整理

紀要一：

時　間：2012 年 3 月 24 日下午 3：00

地　點：富池鎮政府三樓會議室

參會人員：省、市、縣專家學者，縣文體局、富池鎮政府有關領導，富池鎮部分民俗文化傳承人，相關媒體記者等。

主　持：陽新縣文體局黨委書記、局長洪登亮

議　程：

一、富池鎮政府領導致歡迎辭

二、富池鎮民俗文化傳承人講述富池廟會的由來、傳說

三、省、市、縣專家自由發言

周國金（陽新縣富池鎮黨委書記）：

首先對各位領導、專家的到來表示衷心感謝！作為沿江岸線城市，開放的富池需要文化的包容才能海納百川，並通過文化建設進一步搞活經濟，營造更好的投資環境。我們有富池三月三廟會這個省級非物質文化遺產，更要著力去保護，去繼承傳統精髓，去弘揚民間文化，以打造品牌來擴大富池影響力。未來的富池鎮將通過廟會文化活動，進一步優化環境，要把富池三月三廟會打造成為國家級非物質文化遺產，乃至打造成全國廟會文化之鄉。

張吉強、尹合西、李玉寶、柯美發、柯其泌（富池鎮高齡群眾）：

富池三月三廟會歷史悠久。它是源於當地人民對三國時期東吳大將甘寧的紀念而自發舉行的一個盛大民間節日活動。提到甘寧，家喻戶曉，深得人心，他輕財而重義，帶兵打仗不擾民，為官一方勤愛民。戰死於富池後，當地群眾為紀念他，修了寺廟、雕像、墓碑以祭奠供奉。目前，有關三國甘寧將軍的傳說故事甚多，有《四氣周瑜半壁山》、《甘寧斬馬》、《神鴉護主》、《拔箭港》、《救命墩》等數十篇。

趙海林（陽新縣文化體育局副局長）：

經考證，當時富池鎮隸屬吳地，甘寧授西陵太守之後，曾屯兵富池多年，當時的陽新縣也屬甘寧的管轄範圍之內。每年的三月三，富池當地百姓都要來到甘寧墓地，祭拜這位折衝將軍、西陵太守，是有

其歷史原因的。以甘寧「輕財敬士、能厚養健兒」的性格，在轄管陽辛、下雉兩縣百姓時，一定會輕賦稅，重民生，故而贏得了陽新人民的尊重與懷念，使紀念甘寧成為一種傳統的民俗事象。特別是宋以來，把只有五品的折衝將軍甘寧，抬升到了王的地位。宋太祖開寶六年封褒國公；宋神宗元豐五年加號褒武靈公；高宗建炎四年加封昭毅武惠靈顯王；紹興二十一年加封昭毅武惠遺愛靈顯王。這也就解釋了富池百姓為什麼把甘寧當作王一樣的等級來供奉了。甘寧與三月三，在陽新將成為一個永恆的文化符號。

柯小傑（黃石市民協副主席、秘書長，大冶市文化館館長）：

富池三月三廟會是鄂東南遊神祝福的主要內容之一，它傳承了優秀的民間文化，有著重要的學術、實用價值。本次民俗文化節有意識地對民間的信仰活動進行疏導，增加了文化內涵，更好地傳承了優秀文化遺產。

閆　玲（湖北省非遺保護中心副主任）：

傳說故事是富池三月三廟會的有力支撐，要加強收集、整理，使之更好地傳承下去。

吳志堅（湖北省非遺保護中心副主任）：

長期保持富池三月三廟會原生態的傳統文化，才能更好地保護和傳承，即讓廣大民眾按照他們自己的方式去求平安、求吉祥、求豐收。建議政府部門減少干預，政府應做好服務，著手把硬、軟件方面做得更好，對外圍活動進行豐富和補充即可，盡量保護民俗文化的核

心內容，尊重文化傳承模式和活動，保證民俗活動的原生態，讓老百姓自己傳承，這樣才能維護其悠長的生命力。

鄔維新（湖北省民協副主席）：

富池三月三廟會在保護、傳承和發揚陽新地區非物質文化遺產，展示歷史悠久、內容豐富的陽新民俗文化方面發揮著重要的作用。如何更好地保護和傳承好千年廟會，需要我們尊重它的存在，理性去看待。政府支持、鼓勵，整體規劃，以三月三廟會民俗活動，打造富池民俗廟會之鄉。

此次研討會，專家學者們認為，富池三月三廟會，在鄂東南地區、贛西北鄰近地區群眾中有著廣泛的影響力，在中國歷史上也留下不少烙印。進行挖掘、保護和傳承，其主要價值有兩點：

一是學術價值。有利於研究鄂東南地區，幕阜山東端長江沿岸古代節日習俗，以及當地祭祀文化習俗的起源，傳承與民族遷移的相互影響和複雜形態，為帶動當地更多民風民俗和漢民族優秀傳統文化的研究和傳承，以及吳楚文化研究有著突出貢獻。

二是實用價值。挖掘搶救、保護富池三月三廟會文化，對正確弘揚堅毅勇敢的民族精神，促進精神文明建設和滿足當地群眾對節日文化生活的強烈需要，提高人民群眾素質，推動有鮮明地方特色的旅遊產業發展，構建社會主義和諧社會，都將產生重大推動作用。

紀要二：

時　間：2013 年 4 月 12 日下午 2：30

地　點：富池鎮政府三樓會議室

參會人員：省、市、縣專家學者，縣文體局、富池鎮政府有關領導，富池鎮部分民俗文化傳承人等。

主　持：陽新縣文體局副主任科員呂燕

議　程：

一、富池鎮政府領導致歡迎辭

二、研討

1. 傳承人發言

2. 省、市、縣專家發言

柯秀枝（陽新縣富池鎮副鎮長）：

首先代表富池鎮黨委對各位領導、專家的到來表示衷心感謝！在富池鎮千年歷史文化的背景下，第二次民間文化藝術節隆重舉行，以文化站為主導、政府為服務部門著力去保護，去繼承傳統精髓，去弘揚民間文化，並打造品牌來擴大富池影響力，將民俗中的東西還原到民俗中去，其意義無疑是重大的。希望領導專家提出更多的寶貴意見。

石聿海（陽新縣富池鎮工會主席）：

尊敬的省專家，今天是我們富池人民盛大的節日，三月三廟會家喻戶曉，婦孺皆知。除開春節，沒有哪個節日有三月三這麼熱鬧。三月三有一千多年可考的歷史，在清朝有其固定的儀式——吳王夫婦遊春。從民國到新中國成立及改革開放以後越辦越好，得到省級非遺專家的認可，頒發了證書，同時創辦了首屆民俗藝術節，對三月三廟會起到了很好的挖掘、推廣作用。感謝支持三月三的一些傳承人和熱心人士濟濟一堂指導、回憶、總結。這為下一步申報國家級項目有所幫助。宣傳、推介藉助於媒體，政府將給予重視。今年讓廟會回歸民間，以民間為主體，以文化部門為主導，政府竭力做好安全、保衛工作，確保安全。廟會有悠久的歷史，深入人心，可謂萬人空巷。感謝富池有識之士無私的奉獻，我來富池四十年了，見證了每年廟會的整個過程。如今在政府工作報告中已將三月三列入工作議程，將這一民俗文化活動推向高潮。

宋炳炎（傳承人）：

各位領導、來賓、朋友們，我八歲就夾著毛竹扶著吳王神像，跟隨前輩（從祖父起）隨著吳王遊春。知道甘寧將軍是巴東縣人，愛好學武，機智勇敢，是有名的好將軍，富池人民尊重他。我們認定吳王是自己的祖先，歷代富池人都對吳王非常景仰，今天遊春五點我就起床了。吳王夫婦遊春，隊伍著裝整齊，都是無私奉獻，不計報酬的。一九八三年吳王廟重建，我是廟的籌建人之一，也是市級傳承人，在有生之年我將為富池、為陽新作貢獻。三月三廟會是陽新富池的驕傲，鎮政府高度重視，省市縣也很重視。沒有他們也就沒有這盛大的

場面，所以我的心情非常激動，吳王犧牲在富池這地方，為國捐軀，富池人拿他當祖人供奉，廟會從三月初一到初三，經費從平時供奉吳王的香火錢裡面抽出。在三月三廟會中最精彩的是搶綵球活動，黃球代表發財，紅球代表生兒，綠球代表生女，這是廣大民眾對生活的一種期盼，是一種民生需求。所以，特別感謝政府。

陳新和（傳承人）：

我是當地人，去年九月分才回來，公園重建資料整理了三份，我看了些書，碰到一些問題，全國有四處甘寧墓：一處在我們富池，一處在四川通江甘谷，一處在南京直瀆山，一處在四川萬州甘寧鎮。我通過一段時間研究，認為可能是三處。除開南京是衣冠墓，因為孫權手下大將當年將甘寧頭拿走，軀體在富池。四川通江縣可能是真墓，劉備在這裡吩咐厚葬甘寧首級；四川萬州甘寧鎮原來叫甘寧公社，是甘寧的家鄉，那是鄉情，建一處墓極有可能。富池這是真墓，因為葬的是軀體。研究這個一直以來是自費的，所以工作現在停了下來。綵球是有文章的，搶綵球不是偶然的，為什麼搶球，球和甘寧有什麼關係，是值得研究的。我看過八本古籍都匯錄甘寧，目前來講，要確定從什麼地方下手研究。既然要報國家級項目，是要好好整理的。大冶甘家灣有些清代墓照片，決定去拜訪下，圍繞甘寧，深度挖掘，編寫一本書。

張炳鑫（傳承人）：

我是這方面的熱心者，從宋老師那傳承的，當時政府沒有搞，甘寧文化包括很多內容，沒有系統整理，思想性好，積極、健康，老百

姓都希望國富民強，只要聽說王爺，那些街溜子（不務正業者）都老實了。甘寧有古建築文化（雕塑文化），有風水文化，有娛樂文化，還有燴面文化。甘寧與三月三有很多文化值得研究。我想提出以下幾點建議：

1. 廟會的規範化。

2. 民俗文化的資料整理。

3. 現在吳王廟會為民間管理，吳王廟有山村野夫，有佛教文化，希望將佛教文化分開，或者做專門的佛堂，不能隨便取名字，亂寫字，現在名字都改了，人家以為是佛廟，都不知道是吳王廟了。我們要傳承獨到的東西。

柯小傑（黃石市民協副主席、秘書長，大冶市文化館館長）：

富池三月三廟會我連續參加了四年了，每年都是提前一晚上來。申報國家級項目是件很不容易的事情，在申報過程中，我建議：

1. 整理好整個民俗內容，越詳細越好，把所有資料變成文字，作為申報附件。

2. 為了更好地配合申報工作，建議出本書，書名叫《三月三廟會》或《甘寧傳統》，進一步記錄、整理。蒐集的民間文字、口述都記上名字。作為民協的我也加入進來，既然大家都重視，廟會會傳承得更好，申報資料都歸納起來，也是最好的說明。

朱林飛（湖北省非遺辦公室主任）：

早聽說三月三廟會，今年目睹盛況，對我來說有很深體會，萬人空巷，大家都很專心，本真性完全表現出來，政府都在服務，隨處可見保安，年輕人特別多，廟會深入民心。

關於申報問題，民俗項目有文化空間，有很多具體的東西，燴面肯定是有故事的，三月三廟會場面宏大，有燴麵，有綵球，隨著歷史發展有很多變化，申報國家級非遺項目已經是第四批，再申報肯定是很難、很嚴格的，不下真功夫是沒用的，要盡量挖掘透。我們也希望政府、文化部門通過這個載體提高認識，一年一次的廟會活動是民俗最難的。希望大家共同努力，做得更好。

趙海林（陽新縣文化體育局副局長）：

非常感謝各位，今天研討會人數不多，效果很好，去年我也參加過。傳承人宋老師從民間角度談三月三，談百姓對甘寧的感情；陳老師學術研究很深；張老師說的甘寧墓不同於廟宇，裡面有佛教，不倫不類，確實不能這樣；柯主席對如何申報國家級項目提了很好的意見。甘寧影響越來越大，研究越來越多，我一直都在關注，二十世紀八〇年代，我就開始蒐集資料。既然能上非遺名錄，肯定是有保護價值的。三月三年輕人特別多，為什麼有那麼大的吸引力，一定有其獨特內涵，為什麼甘寧稱為吳王，是後來皇帝加封的。吳王只有孫權。

呂　燕（陽新縣文體局副主任科員）：

總結以上各位專家的指導意見：一是要改建吳王廟，要規劃大氣；二是規範申報材料，進行蒐集整理；三是走產業化發展道路。

此次研討會上專家學者們認為，富池三月三廟會在鄂東南地區、贛西北鄰近地區群眾中有著廣泛的影響力，在中國歷史上也留下不少烙印，此種民俗現像是值得大家重視的。

第四章

史志碑銘

書海鉤沉

之一

甘寧，字興霸，巴郡臨江人也。少有氣力，好遊俠，招合輕薄少年，為之渠帥；群聚相隨，挾持弓弩，負毦帶鈴，民聞鈴聲，即知是寧。人與相逢，及屬城長吏，接待隆厚者乃與交歡；不爾，即放所將奪其資貨，於長吏界中有所賊害，作其發負，至二十餘年。止不攻劫，頗讀諸子，乃往依劉表，因居南陽，不見進用，後轉託黃祖，祖又以凡人畜之。於是歸吳。

周瑜、呂蒙皆共薦達，孫權加異，同於舊臣。寧陳計曰：「今漢祚日微，曹操彌驕，終為篡盜。南荊之地。山陵形便，江川流通，誠是國之西勢也。寧已觀劉表，慮既不遠，兒子又劣，非能承業傳基者也。至尊當早規之，不可後操。圖之之計，宜先取黃祖。祖今年老，昏耄已甚，財穀並乏，左右欺弄，務於貨利，侵求吏士，吏士心怨，舟船戰具，頓廢不修，怠於耕農，軍無法伍。至尊今往，其破可必。一破祖軍，鼓行而西，西據楚關，大勢彌廣，即可漸規巴蜀。」權深

納之。張昭時在座，難曰：「吳下業業，若軍果行，恐必致亂。」寧謂昭曰：「國家以蕭何之任付君，君居守而憂亂，奚以希慕古人乎？」權舉酒屬寧曰：「興霸，今年行討，如此酒矣，決以付卿。卿但當勉建方略，令必克祖，則卿之功，何嫌張長史之言乎。」權遂西，果擒祖，盡獲其士眾。遂授寧兵，屯當口。

後隨周瑜拒破曹公於烏林。攻曹仁於南郡，未拔，寧建計先徑進取夷陵，往即得其城，因入守之。時手下有數百兵，並所新得，僅滿千人。曹仁乃令五六千人圍寧。寧受攻累日，敵設高樓，雨射城中，士眾皆懼，惟寧談笑自若。遣使報瑜，瑜用呂蒙計，率諸將解圍。後隨魯肅鎮益陽，拒關羽。羽號有三萬人，自擇選銳士五千人，投縣上流十餘裡淺瀨，云欲夜涉渡。肅與諸將議。寧時有三百兵，乃曰：「可復以五百人益吾，吾往對之，保羽聞吾欬唾，不敢涉水，涉水即是吾禽。」肅便選千兵益寧，寧乃夜往。羽聞之，住不渡，而結柴營，今遂名此處為關羽瀨。權嘉寧功，拜西陵太守，領陽辛、下雉兩縣。後從攻皖，為升城督。寧手持練，身緣城，為吏士先，卒破獲朱光。計功，呂蒙為最，寧次之，拜折衝將軍。

後曹公出濡須，寧為前部督，受敕出斫敵前營。權特賜米酒眾肴，寧乃料賜手下百餘人食。食畢，寧先以銀碗酌酒，自飲兩碗，乃酌與其都督。都督伏，不肯時持。寧引白削置膝上，呵謂之曰：「卿見知於至尊，孰與甘寧？甘寧尚不惜死，卿何以獨惜死乎？」都督見寧色厲，即起拜持酒，通酌兵各一銀碗。至二更時，銜枚出斫敵。敵驚動，遂退。寧益貴重，增兵兩千人。

寧雖粗猛好殺，然開爽有計略，輕財敬士，能厚養健兒，健兒亦

樂為用命。建安二十年，從攻合肥，會疫疾，軍旅皆已引出，唯車下虎士千餘人，並呂蒙、蔣欽、凌統及寧，從權逍遙津北。張遼覘望知之，即將步騎奄至。寧引弓射敵，與統等死戰。寧屬聲問鼓吹何以不作，壯氣毅然，權尤嘉之。

寧廚下兒曾有過，走投呂蒙。蒙恐寧殺之，故不即還。後寧齎禮禮蒙母，臨當與升堂，乃出廚下兒還寧。寧許蒙不殺。斯須還船，縛置桑樹，自挽弓射殺之。畢，敕船人更增舸纜，解衣臥船中。蒙大怒，擊鼓會兵，欲就船攻寧。寧聞之，故臥不起。蒙母徒跣出諫蒙曰：「至尊待汝如骨肉，屬汝以大事，何有以私怒而欲攻殺甘寧？寧死之日，縱至尊不問，汝是為臣下非法。」蒙素至孝，聞母言，即豁然意釋，自至寧船，笑呼之曰：「興霸，老母待卿食，急上！」寧涕泣歔欷曰：「負卿。」與蒙俱還見母，歡宴竟日。

寧卒，權痛惜之。子瓌，以罪徙會稽，無幾死。

（摘自陳壽《三國志》，中華書局 2006 年版）

之二

……還有少年都尉凌統，因父操從征江夏，為黃祖部將甘寧射死，志在復仇，自請衝鋒效力；權即親督軍馬，剋期出發。適由都尉呂蒙，引一降將進見，問及姓名，就是凌統仇人甘寧，表字興霸，他本巴郡臨江人，少好遊俠，殺人亡命，奔走江湖間；後來節折讀書，往投劉表，表不能用，因是東行入吳。道出夏口，被黃祖留住軍中，

一再立功，不見重賞，祖部下軍將蘇飛，替寧保舉，反為祖所呵斥，飛乃更為設法，調寧為鄂縣長，使他自圖去就，寧始得脫身入吳。因恐前時射殺吳將，求榮反辱，故先見呂蒙，探問凶吉，蒙一力擔承，決無他害，乃引寧見權。權亦開誠相見，談及江夏情形，寧進策道：「今漢祚日微、曹操擅權，必為篡竊。荊南為操所必爭；劉表素無遠慮，諸子雙劣，萬難保守，將軍若不早圖，恐操將捷足先得了！今請先取黃祖，祖年已昏耄，專嗜貨利，不修戰備，有船無兵，有兵無律，將軍往攻，必能滅祖，祖既破滅，鼓行西進，楚關一下，巴蜀亦可規取了！」權大喜道：「復仇雪恨，就在此舉呢！」當下命周瑜為大督，率同呂蒙、董襲、凌統諸將，充作先驅，即使甘寧為前導，溯江上行。至沔口前面，有兩大艨艟，擋住要隘，鼓聲一響，艨艟中千弩齊發，箭如雨集；吳軍不得前進，董襲、凌統分募敢死士各百人，令被重甲，乘舟執刀，冒矢衝入，斫斷艨艟纜索，艨艟分流，吳軍便得大進。黃祖忙令都督陳就，帶領水軍，鼓棹迎戰，被呂蒙、甘寧等一陣驅殺，就軍大敗，蒙親梟就首，進攻江夏，祖將蘇飛，開城出戰，又為所擒，黃祖挺身出走，由吳軍追殺過去，斫死祖身，取首報功。

……尚有一函制就，將盛蘇飛首級。飛向甘寧求救，寧傳語道：「彼若不言，寧豈忘心？」會權為諸將犒勞，置酒大會，寧下席泣拜道：「寧若不得蘇飛，早死溝壑，怎能效命麾下？今飛罪當夷戮，乞將軍開恩一線，為寧赦飛！」權動容道：「今為卿赦飛，飛若逃去，卿肯受責否？」寧又答道：「飛已蒙赦，如果逃去，寧頭當代入函中！」

（摘自蔡東藩《後漢演義》，上海文化出版社 1979 年版）

之三

　　……忽報曹操親督大軍，來到居巢，權不得不整軍迎敵。操兵號稱四十萬，權兵只七萬人，客主異形，吳人多有懼色。甘寧獨挺身效命，願為前鋒，權撥精兵三千人，隨寧先進。寧選得健兒百人，俟夜與飲，各盡一觴，當即披甲上馬，引百騎夜潛襲曹營，到了曹營，拔開鹿角，吶喊而入。曹軍驚惶失措，被甘寧等左劈右斫，斬首至數十級，寧尚欲衝突進去，裡面卻用車仗穿連，排若鐵桶，無隙可鑽，寧只得左右馳逐，喧噪了好多時，及見曹營中舉火如星，兵馬彙集，便領兵還寨，百騎中不折一人，因即夜報孫權。權喜說道：「孟德有張遼，孤有興霸，足與相敵了。」遂賜寧絹十疋，刀百口。

　　　　　　　（摘自蔡東藩《後漢演義》，上海文化出版社 1979 年版）

之四

　　初，巴郡甘寧將僮客八百人歸劉表，表儒人，不習軍事，寧觀表事勢終必無成，恐一朝眾散，並受其禍，欲東入吳。黃祖在夏口，軍不得過，乃留，依祖三年，祖以凡人畜之。孫權擊祖，祖軍敗走，權校尉凌操將兵急追之。寧善射，將兵在後，射殺操，祖由是得免。軍罷，還營，待寧如初。祖都督蘇飛數薦寧，祖不用；寧欲去，恐不免；飛乃白祖，以寧為邾長。寧遂亡奔孫權，周瑜、呂蒙共薦達之，權禮異，同於舊臣。寧獻策於權曰：「今漢祚日微，曹操終為篡盜。南荊之地，山川形便，誠國之西勢也。寧觀劉表，慮既不遠，兒子又

劣，非能承業傳基者也。至尊當早圖之，不可後操。圖之之計，宜先取黃祖。祖今昏耄已甚，財穀並乏，左右貪縱，吏士心怨，車船戰具，頓廢不修，怠於耕農，軍無法伍，至尊今往，其破可必。一破祖軍，鼓行而西，據楚關，大勢彌廣，即可漸規巴、蜀也。」權深納之。張紹時在座，難曰：「今吳下業業，若軍果行，恐必致亂。」寧謂昭曰：「國家以蕭何之任付君，君居守而憂亂，奚以希慕古人乎。」權舉酒囑寧曰：「興霸，今年行討，如此酒矣，決以付卿。卿但當勉建方略，令必克祖，則卿之功，何嫌張長史之方乎！」

（摘自周國林《資治通鑑》（註釋本），嶽麓書社 2010 年版）

之五

　　魚客，湖南人，忘其郡邑。家貧，下第歸，資斧斷絕。羞於行乞，餓甚，暫憩吳王廟中，拜禱神座。出臥廊下，忽一人引去，見王，跪白曰：「黑衣隊尚缺一卒，可使補缺。」王曰：「可。」即授黑衣。既著身，化為烏，振翼而出。見烏友群集，相將俱去，分集帆檣。舟上客旅，爭以肉向上拋擲。群於空中接食之。因亦尤效，須臾果腹；翔棲樹杪，意亦甚得。逾二三日，吳王憐其無偶，配以雌，呼之「竹青」，雅相愛樂。魚每取食，輒馴無機，竹青恆勸諫之，卒不能聽。一日，有滿兵過，彈之中胸。幸竹青銜去之，得不被擒。群烏怒，鼓翼扇波，波湧起，舟盡覆。竹青仍投餌哺魚。魚傷甚，終日而斃。忽如夢醒，則身臥廟中。先是，居人見魚死，不知誰何，撫之未冷，故不時令人邏察之。至是，訊知其由，斂資送歸。

後三年，復過故所，參謁吳王。設食，喚烏下集群唼，祝曰：「竹青如在，當止。」食已，並飛去。後領薦歸，復謁吳王廟，薦以少牢。已，乃大設以饗烏友，又祝之。

是夜宿於湖村，秉燭方坐，忽幾前如飛鳥飄落；視之則二十許麗人，囅然曰：「別來無恙乎？」魚驚問之，曰：「君不識竹青耶？」魚喜，詰所來。曰：「妾今為漢江神女，返故鄉時常少。前烏使兩道君情，故來一相聚也。」魚益欣感，宛如夫妻之久別，不勝歡戀。生將偕與俱南，女欲邀與俱西，兩謀不決。

寢初醒，則女已起。開目，見高堂中巨燭熒煌，竟非舟中。驚起，問：「此何所？」女笑曰：「此漢陽也。妾家即君家，何必南！」天漸曉，婢媼紛集，酒炙已進。就廣床上設矮幾，夫婦對酌。魚問：「僕何在？」答：「在舟上。」生慮舟人不能久待，女言：「不妨，妾當助君報之。」於是日夜談咽，樂而忘歸。

舟人夢醒，忽見漢陽，駭絕。僕訪主人，杳無音信。舟人欲他適，而纜結不解，遂共守之。

積兩月餘，生忽憶歸，謂女曰：「僕在此，親戚斷絕。且卿與僕，名為琴瑟，而不一認家門，奈何？」女曰：「無論妾不能往；縱往，君家自有婦，將何以處妾乎？不如置妾於此，為君別院可耳。」生恨道遠，不能時至。女出黑衣，曰：「君向所著舊衣尚在。如念妾時，衣此可至，至時，為君解之。」乃大設肴珍，為生祖餞。

即醉而寢，醒則身在舟中，視之，洞庭舊泊處也。舟人及僕俱在，相視大駭，詰其所往，生故悵然自驚。枕邊一袱，檢視，則女贈

新衣襪履，黑衣亦折置其中。又有繡橐維縶腰際，探之，則金資充牣焉。於是南發，達岸，厚酬舟人而去。

歸家數月，苦憶漢水，因潛出黑衣著之，兩脅生翼，翕然凌空，經兩時許，已達漢水。迴翔下視，見孤嶼中，有樓舍一簇，遂飛墮。有婢子已望見之，呼曰：「官人至矣！」無何，竹青出，命眾手為緩結，覺羽毛劃然盡脫。握手入舍，曰：「郎來恰好，妾旦夕臨蓐矣。」生戲問曰：「胎生乎？卵生乎？」女曰：「妾今為神，則皮骨已硬，應與曩異。」越數日，果產，胎衣厚裹，如巨卵然，破之，男也。生喜，名之「漢產」。三日後，漢水神女皆登堂，以服食珍物相賀。並皆佳妙，無三十以上人。俱入室就榻，以拇指按兒鼻，名曰「增壽」。既去，生問：「適來者皆誰何？」女曰：「此皆妾輩。其末後著藕白者，所謂『漢皋解珮』，即其人也。」

居數月，女以舟送之，不用帆楫，飄然自行。抵陸，已有人縶馬道左，遂歸。由此往來不絕。

積數年，漢產益秀美，生珍愛之。妻和氏苦不育，每思一見漢產。生以情告女。女乃治任，送兒從父歸，約以三月。既歸，和愛之過於己出，過十餘月，不忍令返。一日，暴病而殤，和氏悼痛欲死。生乃詣漢告女。入門，則漢產赤足臥床上，喜以問女。女曰：「君久負約。妾思兒，故招之也。」生因述和氏愛兒之故。女曰：「待妾再育，令漢產歸。」又年餘，女雙生男女各一：男名「漢生」，女名「玉珮」。生遂攜漢產歸。然歲恆三四往，不以為便，因移家漢陽。漢產十二歲，入郡庠。女以人間無美質，招去，為之娶婦，始遣歸。婦名「厄娘」，亦神女產也。後和氏卒，漢生及妹皆來

攡跼。葬畢，漢生遂留；生攜玉珮去，自此不返。

（摘自蒲松齡《聊齋志異·竹青》，時代文藝出版社 2003 年版）

之六

洪邁《夷堅志》：大江富池口，有甘寧將軍廟，殿宇雄偉。行舟過之者，必具牲醴祇謁。李子永嘗自西下，舟次散花洲，有神鴉立檣桿，久之東去。即遇便風，晡時抵岸。有青蛇似激箭而來，至舟尾不見。是夕艤泊。明日賽神其前，大樓七間，尤壯偉。郡守周少隱采東坡詞語，名為「卷雪」。

李泳作詩曰：卷雪樓前萬里江，亂峰卓列森旗槍。上有甘公古祠宇，節制洪流掌風雨。甘公一去逾千年，至今忠義猶凜然。我來再拜覽陳跡，斜陽白鳥橫蒼煙。

初題梁間，本云「英威猶凜然」，如有人掣其肘，乃改為「忠義」。

又賦《水調歌頭·望月》：危樓雲雨上，其下水扶天。群山四合，飛動寒翠落簷前。盡是秋清欄檻，一笑波翻濤怒，雪陣卷蒼煙。炎暑去無跡，清馭久翩翩。夜將闌，人欲靜，月初圓。素娥弄影，光射空際綠嬋娟。不用濯纓垂釣，喚起龍公仙駕，耕此萬瓊田，橫笛望中起，吾意已超然。

即旦移舟，神鴉青蛇，送至長沙而止。

李泳，字子永，號蘭澤，廬陵人。南宋淳熙間，嘗為溧水令，又為坑冶司干官。

（摘自張宗橚《詞林紀事》，古典文學出版社 1957 年版）

之七

興國江口富池廟，吳將軍甘寧祠也。靈應章著，舟行不敢不敬謁。牲牢之奠無虛日。建炎間，巨寇馬進，自蘄黃渡江，至廟下求杯珓，欲屠興國，神不許，至於再三，進怒曰，得勝珓亦屠城，得陽珓亦屠城，得陰珓則舁廟燕焉。復手自擲之，一墜地，一不見，俄附著於門楣上，去地數尺，屹立不墜，進驚懼，拜謝而出。迄今龕護於故處，過者必瞻禮。殿內高壁上亦有二大珓，虛綴楣間，相傳以為黃巢所擲也。

（摘自洪邁《夷堅志》，中華書局 1981 年版）

之八

江神識山谷書扇事，世傳以為異。又有一事，頗類此。沈遼睿達，存中之姪，善書，舟過富池吳將軍甘寧廟，遇風，遙禱於神。風止泊岸，乃作贊，手書之，留廟中。後為好事者取去，郡守夢神告

之，追獲而還之廟。然則興霸亦嗜書也。

（摘自王士禎《分甘余話》，中華書局 1989 年版）

之九

自九江百一十里，過富池入楚境二十里，過田家鎮，有吳甘興霸廟。順治年間，有史官莊回生，典試楚省，夜泊廟前，夢甘將軍拜請，索莊一僕一馬，皆所愛者。夢中不得已諾之，僕馬俱斃地，有神鴉往來上下，帆檣過此不拘餅餌粒食，撒空飼之，群鴉飛舞接食百無一墜。食畢，間有集舟檣之杪，送出廟境，俗謂將軍遣使送客，其聲啞啞類慈鳥，上下三十里皆有之，亦一奇也。

（摘自許纘曾《滇行紀程‧甘興霸廟》，藝文印書館 1964 年版）

之十

其弟在序言中寫道：「筠廊者是吾兄牧仲讀書處……以其地多竹故曰筠廊……其生平所見所聞筆而成帙。」一事一段，有關段落如下：

楚江富池鎮有吳王廟，祀甘將軍寧也。宋時以神風助漕運，封為王，靈顯異常，舟過廟前必報祀，有鴉數百飛集廟旁林木，往來迎舟數里，舞噪帆檣上下，舟人恆投肉空中喂之，百不一墜，其送舟亦

然，云是吳王神鴉，洞庭君山亦有之，傳為柳毅使者，阮壽云巫峽神女廟亦有神鴉送客，予曾見之，得食輒入峽半石洞中，不棲林木。

（摘自宋犖《筠廊偶筆》，上海書店出版社 1994 年版）

富池昭勇廟記

宋·王　質

　　昭毅武惠遺愛靈顯者，王爵號也。昭勇者，王廟號也。富池者，王廟所也。甘氏者，王姓也。巴郡之臨江者，王鄉里也。某為秦丞相，王遠祖也。某為吳尚書，某為會稽令者，王子也。某為吳太子太傅，某為晉鎮南大將軍，某為散騎郎者，王孫也。鎮南者，死王敦之難於襄陽，晉忠臣也。吳，王所仕國也。大帝，王所事主也。西陵太守、升城督、折衝將軍、前部督，王所歷官也。破曹公於烏林、於濡須；獲朱光於皖城；遏張遼於合肥；走關羽於益陽；解曹仁於南郡；擒黃祖於武昌者，王生而在吳之功也。捍寇賊保城邑，興雨澤救生靈，於元豐，於建炎，於紹興，於隆興者，王沒而在宋之功也。王生而事劉表，事黃祖，皆弗克終。而其際會建功立業者，吳也。王沒而歷晉，歷宋，歷齊，歷梁，歷陳，歷隋，歷唐，皆無所寵嘉。而其尤大彰明較著者，宋也。宋有天下，追錄前代忠臣義士，死而能有陰功密澤者，於是以王為褒國公。開寶五年，太宗皇帝錫之也；以王為褒國武靈公者，元豐五年，大旱禱雨有應，郡以狀聞，神皇帝錫之也；

以廟為昭勇者，政和二年，部使者以王功聞諸朝，徽宗皇帝錫之也；以王為武惠王者，宣和五年，道士臧歸真以王功上公車，徽宗皇帝錫之也；以王為武惠昭毅王者，建炎二年，以靈卜驚張遇，郡以狀聞，太上皇帝錫之也；以王為昭毅武惠顯靈王者，建炎四年，以陰兵鎮金人，御營使劉光世以狀聞，太上皇帝錫之也；以王為昭毅武惠遺愛靈顯王者，紹興二十一年，部使者以王功聞諸朝，又太上皇帝錫之也。王太守、將軍於吳。公於開寶，增號於元豐，王於宣和，一再增號於建炎，又增號於紹興。嗚呼！吳於王厚，宋於王尤厚也。順佑、柔懿凡兩夫人，小君若女也。紹威、紹靈兩侯，尚書若會稽也。建炎四年，劉光世之請也。嗚呼！吳於王厚，宋尤厚也。吳所以興，有五人也：不能退曹公，使曹公順流而下，吳必亡，其退之者周瑜也；不能擒關羽，使關羽卷襄漢而上，吳必亡，其擒之者呂蒙也；不能卻漢先主，使漢先主順流而下，吳必亡，其卻之者陸遜也；不能取黃祖，使黃祖據中而立，吳弗興，其取之者王也、魯肅也；肅之言曰：漢室不可復興，曹操不可卒除，唯有鼎定江東，以觀天下之釁。剿除黃祖進伐劉表，竟長江所極，據而有之。然後建號，以圖天下，此高帝之業也。王之言曰：漢祚日微，曹操彌驕，終為篡盜。南荊之地，山陵形便，江川流通，國之西勢也。劉表慮淺子劣，不可後操圖之。宜先取黃祖，進據楚關，漸規巴蜀。此二策者，吳所以興也。高帝之興，韓信壇上之辭也。漢先主之興，諸葛亮廬中之辭也。吳大帝之興，王所建取武昌並荊州之謀也。周瑜、呂蒙、魯肅、陸遜，班也。陳武、凌統、董襲、蔣欽，非班也。後王之沒千餘年，始與史氏辨正，而著王

之等夷為高，非諸公之品也。嗚呼！其亦有數也已。按圖經，王嘗為偏將，領陽新、下雉縣令，今在郡西。大帝取以為武昌郡者也。按傳，王為西陵太守，領二縣。陽新在隋為富川，又為永興，去西陵千餘裡，疑傳未安也。或者為西陵之後，易領陽新、下雉，上接武昌，下控潯陽，而未可知也。按圖經，王嘗侯溧陽，鎮富池。按傳，王之卒也未侯。嘗屯當口，屯半洲，不及富池，疑圖經未安也。今下雉去富池二十餘裡，或者富池即故下雉未可知也。嗚呼！校合山川道路於千載之上，難也，可以闕書。而王之豐功茂烈，則不可以闕書也。受吳之恩，報之如此。受宋之恩，報之又如此。則王之忠義，又不可以闕書也。宋祚無極，王心亦無極。陰殄北敵，永清中原，共躋登茲，王之威靈，誠足以及此也。

詞曰：陵谷兮迭為高深，草木兮秋春。明月兮不淪，金支翠旗兮常新。波濤沸兮簫鼓，龍吟兮蛟舞。瑤簪兮瓊琚，江妃兮漢女。厄動兮流星，秋舉兮云浮格澤。欃槍兮播落蹴踏，虛空兮百萬之貔貅。厲鬼驚兮疾走，沙飛兮石吼。玉劍兮不鳴，天河兮無聲。億萬年兮元功，生死兮哀榮。谷我兮絲我，淮之右兮江之左。繚荊陽兮提封，惠澤兮穹窿。赤縣風塵兮蒙籠，揭龍旗兮在大宮。談笑汛掃兮正帝位於天中，有詔臣某兮女其為王頌之。拜手稽首兮曰臣其敢辭。

昭勇廟
卷雪樓記

元・揭傒斯

　　吳折衝將軍、西陵太守寧既與周瑜、魯肅、呂蒙、陸遜之徒並立大功，世廟食興國之東六十里，富池之口，龍光山之下。後千餘年，宋有天下，錄前代忠臣義士，復賜將軍爵，一命而公，再命而王，七命而數物備，號其廟曰昭勇，門曰表忠，而將軍之靈以益著。自始封百七十有八年而建樓於廟之北，名曰卷雪。又百十有二年而毀於景定元年之兵。又六十有三年，為皇元至治之二年，祠官九宮山道姜守先與裡人劉舜元及其徒子如淵爰謀爰度（姜守先，四部叢刊本作「姜守夷」），筮曰庀事（庀事，四部叢刊本作「他事」），即樓故基為屋八楹，中為重屋六楹，崇七尋有半，仍命曰卷雪之樓。

　　左顧舒蒲之渚，右據黃龍之灣，前俯大江，後控衡、盧，北望長淮之外，以天為際。方其驚風忽起，白浪晝立，天低地昂（天低地昂，四部叢刊本作「天地低昂」，依下「川谷吐吞」句法，當從四部

叢刊本），川谷吐吞，則思將軍之在吳也，威名動山岳，謀慮出鬼神，奮百騎而曹瞞夜驚，戰孤軍而張遼早卻，臨夏口而黃祖授首，搤益陽而關羽退師，指皖城而朱、張擒，入夷陵而曹仁破，何其忠且勇也！及夫風霽浪弭，上下一碧，長空冥冥，白鳥孤沒，則思將軍之既沒也，三國為墟，五運迭興，南北紛紜，或離或合，將軍猶以余忠遺惠，陰騭下民，憑大江而揚靈，儼南面以顧享，又何仁也！登斯樓也，豈不念曰：以區區之吳而有江表數州之地，僅足以抗蜀、魏，將軍一輸其忠而廟食百世，況戴天履地，美衣豐食，偰然臣子於今之世者乎？故君子立功立事，必思以顯當世而垂無極。斯樓之作，亦非徒欲觀濤浪、窮勝概而已，蓋所以勸忠也。以三子興復之心而屬余記，不可以不書。

神姓甘氏，字興霸，巴郡臨江人。累號為昭毅武惠遺愛靈顯王云。

續修甘將軍墓記

清‧周　旋

　　將軍寧，甘姓，字興霸，巴郡臨江人。仕鼎吳，拜西陵太守，統下雉、陽辛。西陵，漢置江夏郡所隸十四郡之一，即今黃岡等地也。歷升城督、折衝將軍、前部督。功在吳，卒死吳社稷。其靈降於宋，北狩尤奇，謚號於宋凡五增，昭毅武惠遺愛靈顯王，九字宋勒也。明從生爵，改詔吳將軍祠，曰昭勇。政和二年，徽宗額。郡先賢王景文記將軍始末，凡千二百言，恨無一語及將軍墓，缺有間焉。按：墓距鎮東三里許，蟻一垤濱江之滸，與祠爭向背，每上巳辰，鎮老幼藉為祓禊，所用大牲，先鼓於祠，异順佑、柔懿兩夫人，若會稽、若尚書，其子也。以奠將軍墓，貝錦夾道，歲靡費百金。奠墓日，人以手招，鴉遽群集。奠已，祭鴉人持餕肉，曲踢擲而上，群鴉飛飛，從空中攫之，距躍喙張，頗形靈異其他。舟人之次江口者，亦時時瞰鴉試之，鴉亦傍人就食。吾聞將軍歿中流矢，群鴉繞屍，嗚嗚如悲泣狀，故至今鴉亦稱神，其軼事則建炎中。逆寇馬進屠蘄黃，席捲興國，屯

富口齊宿。卜將軍筊，不許。再卜，再不許。馬怒，自取筊擲之。筊亦怒，從地踣起，飛空中橫著門額不下。馬懼，解甲謝而去，郡賴以全。夫將軍於宋，以霖雨顯，以靈卜顯，以陰兵夜儷金營顯。於郡，以神鴉顯，以筊箄活數萬口生靈顯。今一邱壟尚無片石，可語郡父老，何居不若桐民。雍正戊申，鎮紳士耆庶張文煒、張士仁、柯瑞調、沈學淳等捐貲倡義礨將軍封。封高五尺，植原碑，嘉靖郡人劉珂撰文。塋廣五丈許，縱三倍之。石植以坊，坊四礎，獅象各一，石幾一，石馬二，翁仲三，其一則故所遺也。春秋祠將軍血食，食用豕一，羊一，奠帛一，度一丈八尺，已載祀典。

甘寧墓碑銘
（清朝殘碑）

　　……之江東將相不乏其人，公何獨遠而□。祠峙昭勇，號增遺愛矣；被袞垂裳，冕旒而王矣。且順佑、柔懿媲其美，而紹威、紹靈肖其尊，血食不替，榮褒無已。夫豈無得而然哉。蓋公之生有自來，去有所為。莫或為之，若或使之，而埋藏於軍山之陰者，固不化為朽壤，而凝為金玉之精矣。徒產青松千尺與瑞芝九莖，實有以靜鎮乎川岳而永保此黎民，浩浩乎正氣磅礡。沛霖雨於元豐，耀天戈於建炎，卜致張遇之驚，風協鄧守之靖，異事可書，聲光赫奕，乃知天不囿之。漢末一代之勳名，將以父母斯地於萬世也。而茲土之人，若晉、若隋、若唐、若宋元明，以迄於今千百年，享庇蔭之澤漬，之深而且久，有僾乎愾乎。而若見若聞者，忍視此軒華名墓，漸闌珊於曼草間耶？今當昇平清晏之際，眾心踴躍趨事，斂費鳩工，繕而葺之。馬鬣之封，嶅然整潔自明，崇飭而後，得此復新。凡食福斯報者，庶以展愛敬於此日，尤願後之人與今同志，數世一修，則靈跡不朽而英爽之陟降，默承天休，佑我家邦偕長江而無窮矣。

奉直大夫原任知興國州事升任浙江湖州府分府　黃　澄

賜進士第奉直大夫知興國州事　魏　鈿

協鎮湖廣武昌府興國州兼轄大冶、通山二縣副總府

協湖廣湖北武昌府興國營等處地守府

湖廣武昌府興國州儒學教育

武昌府興國州儒學訓導

興國營駐防富池鎮□部　王啟先

興國營外□　徐　文

湖廣武昌興國府署理州判事候選知官　鄭　端

迪功郎興國州捕　毛風韶

原任富池巡檢司　舒進培

興國州富池巡司　古克己

（此文錄自清朝修繕之甘寧墓石碑，標點為編者加注）

甘寧墓誌

　　甘寧墓，修建於大清世宗雍正七年八月初二，落成於是年冬月十五。正式典禮由湖廣總督邁柱委派節史李青燁主持，召集各界紳士酋長前來開典，四鄉百姓如雲，車水馬龍，熱鬧三天，並確定每年三月初三為掃墓祭祀日並建修朝望樓閣。

　　原墓位於揚子江南岸大嶺山腳之眠牛山，四方連山奔向眠牛山。前門六柱牌坊，左二門前有鐵音石獅一尊；右二門前有銅音石獅一尊。第一重右邊一尊無頭紅石臥馬，左邊一尊帶鞍戰馬。墓前兩邊各置一塊圓盤凸凹不規則石塊。第二重是墓堆，比前重高二尺許，四級臺階至墓後大碑，連通兩邊。第三重兩邊圍牆碑各八塊，左八塊刻陽辛、下雉兩縣紳士名人捐款。右八塊刻記外界過往商客，國外洋人捐款。其中兩塊刻甘寧之民間傳聞。墓後中間之大碑刻記正楷大字曰：大清世宗雍正七年奠。左石碑刻記大字曰：甘寧神靈，護國顯聖，朕賜吳王，香火長旺。

　　甘寧，字興霸。三國時期巴郡臨江（今重慶市忠縣）人，自幼習

文練武，通史書，力大無窮，嘗招亡命。縱橫江湖之中，腰懸銅鈴，人聽之盡皆避去。又嘗以西川錦作帆縵，人皆稱錦帆賊，曾做遊俠大盜，後遇一遊方者降服，勸歸行正果，痛改前非，改惡從善，引眾投奔漢中侯劉表麾下為軍，時表不以國民為計，惡賢積私，不予重用，甘寧改投東吳，船行至夏口被黃祖留住，為其攻打東吳，立過戰功。但黃祖待甘寧刻薄。時黃祖都督蘇飛數薦甘寧矣，黃祖以西陵大盜，劫江之賊，不予重用。甘寧棄黃祖投東吳。但心中嘀咕，慮東吳記曾殺東吳大將凌操之過，遲疑不定，隨水順流至下雉江邊，聞吳侯求賢若渴，不記舊仇新恨，並釋前者乃各為其主，應保主奮力，何恨也。於是引部下划船過江見吳王，孫權大喜曰：吾得甘寧，黃祖必破矣。不久，孫權出兵戰黃祖，派甘寧出戰，使黃祖國破後降。時都督蘇飛臨斬，甘寧力保，將蘇飛赦留。黃祖既破，吳都遷至武昌，派甘寧鎮守富池口。時東漢朝建安十三年。次後，曾調水軍都督周瑜帳前聽調，破曹操八十三萬大軍。在江淮獨戰曹丕，又調從呂蒙帳前，時攻拒關羽，殺蜀兵屢建大功。全憑其文韜武略。吳王大喜，親封西陵太守折衝將軍，領陽辛、下雉兩縣錢糧，時甘寧二十有四，娶下雉董沖文豪之女為妻，生三子二女。次後，屢經大戰，在三江口共有七次，與蜀軍交鋒，屢建奇功，劉軍聞甘寧而喪膽。諸葛亮欺甘寧小卒之輩，不與交鋒。哪知甘寧勝過周瑜謀勇，直殺得劉軍屍橫遍野，血水成河，劉備慘敗後才知甘寧威勇，恨之入骨。至章元年，劉備為報殺弟之仇，借南蠻軍數十萬人，水陸並進東下攻取東吳，孫權急召文武大臣商議抵敵之策，無人出班面奏。只有少將孫恆奮勇出征，無奈劉備報仇心切，將孫恆圍困在彝城，孫恆無力出城交鋒，只好派使回東吳報急求救。孫權委派韓當為正將，國泰為副將，潘璋為先鋒，甘寧

為後應。時甘寧正患痢疾病，然軍令不容違抗，於是帶病出征。大軍行至彝城與劉備交鋒，不數日全軍覆沒。甘寧正在船上養病，見聞自知水戰不能抵敵，只好登陸，恰遇蠻首領沙摩柯領兵，甘寧見蠻軍披髮跣足，全用強弓毒箭，甘寧不敢正面交鋒，急領兵迴避，蠻軍緊追至下雉江邊，甘寧為保全部下，將前軍改為後軍，自己壓後，不幸被沙摩柯毒箭射中頭顱，甘寧落荒而逃，直至原駐地富池口，因寶馬睏乏，失前蹄而陷入泥中，甘寧忍痛上坡，坐大樹腳下休息，望天長嘆！霎時，沙摩柯追至，甘寧拔去毒箭，血已封喉，死於大樹下，沙摩柯取甘寧首級回報劉備領功受賞。時正三國章武二年三月二十二日，終年三十八歲。蜀主念甘寧是位名將，特命以厚禮葬於川東。甘寧屍體一時間被烏鴉圍住，使其永存不朽。

（此件是富池金堡村張吉滿之隔山兄長李剛臨墓抄錄轉譯）

第五章
_____

詩藻文瀚

先賢詩詞
選摘

題富池甘寧廟

唐·李 白

威震華夏，勇冠三軍。百騎衝敵，一箭傷心。
滿腔熱血，寄楚之濱。丹心猶在，傳聞鴉聲。
誰磨千秋之寶劍，以慰萬古之忠魂。

富池卷雪樓晚眺

宋·高 鑑

朱欄傑閣勢干雲，翠岳丹岩對夕曛。
石嶺西盤散出闊，煙波東去九江分。

將軍舊壘餘鴉陣，羅漢荒祠有檜芬。
昔日黃衣人不見，浪花如雪自紛紛。

卷雪樓詞

宋·焦抑

抑赴杭會試餞樓上遇黃衣道人執抑手曰：子必中　抑題樓壁曰：

軒冕倘來日，貴賤未分時。茫茫俗眼誰先知。惟先生水鑑，握手使許登雲梯，十載燈窗下，不負男兒。　　酌流霞，登卷雪，覺雲低。甘公靈跡，至今血食大江湄。願助我胸中英物，筆下走如飛。

祭富池甘寧昭勇祠辭

宋·陸游

乾隆六年（117 年），陸游自紹興入蜀，任夔州通判，本文是乘船沿長江赴夔途中經富池而作。

某去國八年，浮家萬里，徒慕古人之大節，每遭天下之至窮，登攬江山，徘徊祠宇。九原孰起？孤涕無從。雖薄奠之不豐，冀英魂之來舉。

忠　勇　廟

宋·董嗣杲

才接軍符便起程，此行要並鐵山名。
孤忠解得孤城急，一勇判來一死輕。
堂屋依湖空柳色，廟門當路枕松聲。
丈夫對著褒榮曲，誓挽天河洗甲兵。

昭　勇　祠

明·吳國倫

黃龍洲轉大江回，卷雪樓高巨波摧。
古屋將軍遺像在，荒村伏臘瓣香來。
何年一破窺吳計，異代還憐翊漢材。
有客題詩薦蘭芷，神鴉噪雨若為哀。

祭吳將軍甘寧墓詞

明·吳希賢

　　西河浪花白，捲起千堆飛雪。將軍不見一千年，鈴聲未歇。何瞞
故壘冷蕭蕭，風霜吹起英雄髮。江淮樹，古今碧，懸崖幾分裂。
黃龍洲上草茫茫，埋沒豪傑。一任秋風著意吹，豪傑何時、沒得欄干

轉側。時時柏肯同來，同酹江月，翻動五湖七澤。揮長劍，驚動蛟龍
莫說，我亦是，乾坤功名客。

昭 勇 祠

明・楊儒魯

紫殿朱袍壯鐵冠，千秋豪爽憶江干。
火燒赤壁南兵奮，旗指夷陵北賊寒。
直使忠貞扶漢鼎，不妨失腳拜吳官。
英雄只恨曹仁破，不向邯鄲殺老瞞。

哀悼甘寧

明・羅貫中

吳郡甘興霸，長江錦幔舟。
酬君重知己，報友化仇讎。
劫寨將輕騎，驅兵飲巨甌。
神鴉能顯聖，香火永千秋。

甘寧百騎劫魏營

明・羅貫中

鼙鼓聲喧震地來，吳師到處鬼神哀！
百翎直貫曹家寨，盡說甘寧虎將才。

甘 寧 廟

清・劉 震

百騎功成後，將軍廟貌存。
春秋還血食，風雨正黃昏。
墓木神鴉拱，江聲戰馬奔。
東吳多俊傑，何地有招魂？

吳王廟納涼

清・柯再成

小齋炎熱似蒸籠，王廟差同避暑宮。
怎奈納涼人太眾，又能分得幾分風。

甘 寧 墓

清・劉慧澄

殘鴉幾點掠斜曛，富水東來弔此墳。
抔土尚能存建業，豐碑猶是署將軍。
錦帆繚亂收蠻雨，銀爵荒涼對陣雲。
躍馬何人過墓下，鈴聲一路不堪聞。

昭 勇 祠

清・高 賓

炎劉運阻焰銷光，老瞞眥睨膽目張。
江東討逆志蕭將，天與輔佐益其吭。
桓匕將軍守大陽，執符稟令來帝旁。
威驅雷霆氣飛霜，負旄帶鈴驚四方。
機投意合魚水忘，所向披靡全無當。
瑜蒙遜蕭相頡頏，功成鼎力聲喤喤。
長驅席捲志未償，瞥然騎龍歸帝鄉。
英風凜凜不懼亡，下憐澤土時迴翔。
遺休餘澤滿湖湘，保民護國靈貶彰。
調雨順風時泰康，奔走禮向來梯航。
皇明有道獎忠良，集中敲鼓隆蒸嘗。
桂以酒兮椒以漿，歲時明德播馨香。

瑤宮闃寂劍佩藏，鬼物呵護松筠蒼。
孕鐘嘉休儲吉祥，翊我皇祚浩無疆，
千秋萬歲靈風長。

今人詩詞
選登

富池三章

富池三月三兼賀「三月三廟會」入選湖北省非遺名錄

洪登亮

一

富池三月好，江岸柳新妝。
雲散山川暖，風來菜蕊黃。
清明追憶遠，舊俗繼承長。
學說甘寧事，年年習已常。

二

富池三月好，舉目楚江開。
壯闊千重浪，奔馳萬里懷。
長川流不息，去日逝胡來？
歲歲追思意，回回寄予哀。

三

富池三月好，碧草共春長，
樂動聞歌至，風吹識樹香。
綵球空半落，煙霧寺前颺。
莫笑民風古，原因不可忘。

謁甘寧墓遺址

佚　名

其　一

富池東面覓王墳，斷碣殘碑尚有文。
墓穴已非誰認識，眠牛雙燭伴斜曛。

其　二

火燒連營飛亂矢，錦州變色鼓聲涼。
魂歸下雉山河壯，俎豆千秋史牒香。

其　三

拒魏酬吳功未成，愴然遺恨在聯營。
休嗟芳冢遭蕪沒，父老爭陳重建情。

富池口訪甘寧廟

佚　名

其　一

古廟凄涼立富池，將軍血戰淚沾衣。
十年浩劫摧文物，但見黃沙臥石獅。

其　二

番王執銳勢難當，箭中頭顱樹下亡。
惆悵神鴉經百護，江頭遺址囤黃粱。

悼甘寧將軍

佚　名

善戰能謀統帥才，政和額郡賜王銜。
名揚夏口留青史，威震江東掛錦帆。

憶昔甘寧墓

佚　名

東吳大將甘興霸，萬古墳臺亦閃光。
宋諡靈王胡虜懾，明追昭勇馬流亡。
眾民紀念三三節，鴉鳥哀鳴句句傷。
來往遊人遮道祭，陵園飄蕩綵球忙。

詠甘寧

佚　名

良臣出世每遷喬，懲惡為民膽氣驍。
百騎偷營驚敵夢，仲謀不再畏張遼。

悼念吳王甘寧

佚　名

甘公英勇世無雙，赫赫威名懾魏邦。
耿耿忠心扶一主，昂昂志氣戰三江。
陣前寧肯頭顱斷，營內焉能屈膝降。
百姓有情天亦憫，群鴉護體富池旁。

題　烏　鴉

佚　名

興霸祠前久亦家，留仙文采把名誇，
渾身墨色任臧否，一片冰心伴晚霞。

富池三月三記

洪登亮

　　大江出西塞過半壁東會富河於富池口。其始江河一體，遇夏水起，江面遼闊，河出沼澤，江河貫通於半壁山下，其波濤壯闊無比。至若秋後水落，則江復原狀，河束如帶，其時楚江之水自半壁而下，如萬馬過隙，奔騰咆哮，其勢洶洶。故富池口、半壁山素為兵家必爭之地。

　　昔伍子胥伐楚，甘寧守吳，岳飛抗金，太平軍鎖江……莫不在此進退。唐朝詩人劉禹錫《西塞山懷古》：「千尋鐵鎖沉江底，一片降幡出石頭。」此之謂也。至今半壁山摩崖石刻存有「楚江鎖鑰」「鐵鎖沉江」字樣。至於近代抗日保衛大武漢，日寇自南京而上，屠南京，破安慶，逼九江，鄂境唯此憑險而守。至半壁山富池口失守，武漢幾是無防而棄。此中痛恨，如噬我心。此是外患臨頭，國難深重富池口之痛苦記憶也。

　　然富池地處吳頭楚尾，襟江依山，富有金銅之礦，素有豐山冶煉

文明，乃江南礦冶文明發軔之地也。通商開埠肇始於戰國之期，駐軍設防發端於漢魏之間，廣納南北之風，被流東西之俗，久矣。其時歷千百餘載，影響至深者，莫過甘寧守吳之後。自甘寧中箭負傷，命歿於拔箭港，身葬於富池口，廟築於楚江岸，年年受祀於上巳之節，歲歲出遊於踏青之時，何其敬也。是邑民愈敬而神靈愈顯，神靈愈顯而朝廷愈封，故甘寧由將軍而公侯，由公侯而王。於今廣傳吳王之厚德者，全賴神靈之顯及民風之淳也。

中華各地，神廟莫不受敬。然吳王甘寧之廟受民敬奉，年節之外，更有三月初三上巳節遊行於郊，此遺東吳修禊郊遊之風乎？吾其信之，眾亦傳之。今攜友以游，觀民娛樂於大嶺山之下，會集於甘寧廟之前，熱鬧之景況，盛矣。是日始是陰風習習，雲翳蔽日，至信眾於吳王殿請出吳王及娘娘神像，遊行於巷閭，安放於甘寧墓前，當此之時，烏雲頓開，麗日高照，山川清秀。此果神靈之再現乎？眾其信之，吾其記之。辛卯年清明，光遠記。

甘寧公園記

甘隆宇

二十世紀九〇年代，陽新縣富池鎮政府及當地民眾為紀念東吳名將、江東虎臣——寧公，特建甘寧公陵園，名甘寧公園。

甘寧，字興霸。漢建安間擇事江東，身經百戰，屢建奇功，拜西陵太守，兼領陽辛、下雉二縣，又授折衝將軍。

甘寧公園門首宏偉，金龍盤頂，玉獅把門，三門寬暢，四柱屹立，巍峉如盤，日照騰輝。入園首觀「應龍池」，只見二龍戲水，口噴珠花，紫氣繚繞，似有騰空臨淵之勢。

環池而上，廣場寬闊，場周花壇星羅棋布，奇花異草植於壇中，四季鳥語花香。場中塑有寧公立像，頭頂金盔，身著紫袍，手執寶劍，目視長空。再現了寧公生前智勇，韜略無窮，劫寨將百騎，驅兵飲巨甌，立水寨而江南公瑾屈志，施英勇於楚北孟德銷魂之英雄氣概。

廣場左側密林之處建有寧公祠廟，廟內神像栩栩如生，香火不斷。據陸游《入蜀記》載，陸游曾至富池寧公昭勇廟，以壺酒牲豕謁昭毅武惠遺愛靈顯王神（神：指寧）。宋開寶中既平江南，增江陵神祠封爵，寧公始封褒國公，寶和中晉封為王，岳飛為宣撫使，大葺祠宇，江上神祠皆不及寧公廟，古廟「文革」中被當地改作糧庫，現尚少存。園內寺廟為建園時同修，每年三月初三，當地民眾將會恭抬寧公神像繞富池巡遊，斯時百姓設香建醮，祈禱和平、送福，風調雨順、五穀豐登，千載流傳，已成民俗。

　　沿廣場而上，花崗石碑臨空而立，精工巧匠，刻龍畫鳳於其間。後山巨型寧公之墓靠龜山順水而建，兩旁松柏青翠，墓後飾牆刻著寧公生平，觀後令人遐想，「鼓行而西計」可與《隆中》媲美。《陽新縣誌》載黃武元年（222 年）寧公在下雉富池犧牲。歿時數千神鴉護體。當地士民商賈公葬於大嶺山。由於富池紅磚廠建設危及古墓，曾遷葬「拔劍港」。後建陵遷入公園中。

　　甘寧公園位於富池鎮鎮南依山而建，茂林修竹，水秀山清，層巒疊嶂，遊人如織，人詣其中，油然生敬，拙筆為記。

甘寧塑像記

柯先球

一尊塑像，就是一座豐碑！

這尊塑像，就是三國吳大將軍甘寧。

山風呼嘯，松濤翻滾，仰瞻塑像，但見將軍神情莊重，昂首挺胸，扶劍而立，栩栩如生，若見其浩氣，猶見其神威！

在神像前，不禁要問：世人何由獨尊甘公，並為其塑像呢？穿越時空，我們看到了甘寧將軍曾被宋、明、清幾代帝王敕封為王，筆者認為，這並不是主要緣由。最主要的是甘寧生而護國，死而佑民的許許多多的歷史故事和民間傳說使其深受百姓愛戴。生前，他忠貞保吳，力主抗曹，正氣浩然；他陳計破祖，阻羽淺瀨，睿智聰穎；他百騎襲營，身先士卒，威震江東；他箭釋前嫌，結誼為友，情意深重；他抱病出戰，負箭不屈，視死如歸。死後，群鴉遮體，啞啞而泣，數日不散；英靈常顯，為民賑災，笑擊馬進，免遭塗炭，夢托邁柱，剿滅流寇。人們為紀念他，建昭勇祠、吳王廟祀，真如詩贊「神鴉能顯

聖，香火永千秋」。更有甚者，富池及周邊地區在每年的上巳節（三月三）都要舉行隆重的祭祀紀念活動，吳王出巡，家家鳴炮，香案迎接，且萬人彙集，爭搶綵球，祈求賜福，保境平安。

綜上所述，不難看出，一位歷史人物，只要是為民做好事，他就是一個英雄，加以時代的演繹神化，自然而然地成為民眾的偶像了。

為甘寧將軍塑像，不僅僅是一種敬仰與緬懷，更是鑄就風流人物為山嶺添色、江河增彩！

註：

甘寧塑像高三點一五米，寬一點一五米。像座長二米，寬二米，高三米。由港下村捐資三萬元援建，一九九六年十月八日建成。

塑像圍欄為正方形，一九九七年十一月建成。

綵球一樹
祭吳王

陳新和

　　中華民族，乃文明之邦。從古至今，崇尚「一廉二孝」的人文美德。《國語‧戰國策》云：「祀所以昭孝息民，撫定百姓也，不可以已。」古時，江南民間祭祖，僅用一根細竹條纏著齒狀素紙條，插在墓前而已。而富池三月三廟會，自宋以來，千百年間，形成了龐大的內容豐富的祭祀陣容，成為鄂贛皖邊區人民自發的不可或缺的民俗文化活動。

　　究其根源，不外乎享祀者甘寧在人們心目中的崇高地位。人們認為：甘寧不僅是東吳之英雄，更是富池人民之恩人，一個人跪拜，一根素條祭祀，似有寸草難報春暉之愧，於是相約成群，以綵球公祭而沿襲至今。綵球祭祀原先只是一球，後來增至多球，及至民國時期，便呈現滿樹綵球，萬眾齊歡的局面，似乎唯有如此，方可表達富池人民對甘寧這一英雄的景仰崇拜。

富池人民為什麼選擇綵球用以祭奠甘寧呢？專家對此有兩種推測。一是富池鎮位於湖北省黃石市以下、江西省九江市以上的中間地段，南有中陽山脈，北有萬里長江。富池江段，有十里黃龍洲，這裡日掛竹製三角形或棕製球狀的緩衝物，夜掛航標燈，以使航船安全行駛。富池口乃三國時重鎮，西水東流之江邊港口，每日停泊木船兩百多號，為防止船體相互碰撞，常常在各自船舷外，懸吊棕制圓形緩衝物以保護船體。正因為這個圓形球體，給人們帶了平安，所以賦予它以吉祥色彩，寓安居樂業之意，從而演繹為搶綵球活動，是實在可能的。二是人稱「錦帆賊」的吳王甘寧，喜歡在自己的坐船上，將船帆裝飾如錦簇，又常用錦緞以代纜。故甘寧死後，人們化錦為彩，化帆作球，以為紀念也在情理之中。

　　再者，球，亦作璆，美玉也。它象徵著堅實、純正、富貴、高雅。而圓者，乃是功德圓滿，人生大美之意象。甘寧將軍年輕時，尤愛佩鈴，民眾聞鈴聲便知是甘寧駕到。《史記・孔子世家》：「環珮玉聲璆然。」梅堯臣詩曰：「出塞開牙帳，論兵啟玉鈴」，球義之引申也。

　　富池綵球，十分考究，選一棵完整的大南竹，插在特製的木架底座中，其頂端圓球紙板上寫「日」「月」兩個大字，其下，垂吊兩個紅、綠色大球，再其下布滿彩色小球，各安其位，五彩繽紛。

　　三月三日，甘寧公園實行請球、搶球、送球、摸球四項活動，釋家倡言：請球，其偈在真；搶球，其偈在善；送球，其偈在美；摸球，其偈在妙。真善美妙，是和諧，是人生，是理想，是崇高境界。

正是：日月星辰皆有義，綵球一樹祭吳王。

附：品齋燴麵

齋者，素食也。燴者，會合眾味之調配也。人言製食如製藥，重其技藝也。中藥師製藥，每每視中藥材之不同，分別採用酒炒、水炒、糖炒、醋炒，各從其性也。

甘寧寺之齋燴麵，來自民間，鍾乎寺廟。概言之，選料擇優，配伍禁忌，取材適量，工火法水，有益健康，不燥不膩，堪稱美食也。

挹翠亭記

金道嶸

富池鎮區以南一公里處，大嶺山麓有一座「甘寧公園」，是以三國時期吳國大將甘寧命名的，園內有吳王墳、甘寧寺、戲臺、太守塑像等景點。

園內東側林間有一曲徑，摸攀而上至中嶺山下，墚上有一亭，名曰「挹翠亭」。亭為雙層飛簷，四根紅柱，琉璃朱瓦，仿古建築。

亭不大，然不失碧玉之氣，勢不顯，卻尚存挹江擁翠之威，與廬山「挹江亭」隔山呼應。亭之四周蒼松棲鶴，翠竹搖風。沿梯拾級而上，依欄放眼，富池鎮區，廠房林立，民樓棋布，像撒落在綠草叢中的一串串珍珠。長江、富河兩大水系交會於大閘處，像兩條玉帶裝飾著這座美麗的古鎮，使其增添了不少嫵媚的姿色。夕陽西下，霞光盡染，炊煙裊裊，飄蕩著美好生活的氣息。夜幕降臨，華燈初上，燦若星河。江上碧波蕩漾，客輪貨駁，汽笛聲聲，上下穿梭，江鷗翱翔，逐浪戲水，景象祥和。尚或雨霧襲來，薄幕輕籠，水天一色，如夢如

幻，更是別有一番韻味。一派盎然景緻，盡收眼底。

每逢夏日，常有樵夫擔柴至此者，登亭小憩，徐徐江風，迎面拂來，頓覺涼爽，熱汗隨風而散，氣力倍增。

抑或有遊客雅士至此，登高望遠，青山綠水，映入眼簾，不免生出一番思緒，若心守清廉，志存高遠者，當懷山水之幽情，視名利如塵土，頓覺心境空靈，品格清雅，正如這山間之青松，澗旁之翠竹，舒枝傲骨、仰視蒼天，從而吸松風以洗面，懷江濤以釋懷，雖不得志，壯心猶存，如身居要職者，親臨此境，更將增添幾分信心，必將無懼無畏，勇往直前，為國為民成就大業！

若遇懷古憂民，憤世嫉俗者，面對長江、富河，崇山峻嶺，則必然生出把酒臨風，吟詩作賦，歌其山河秀美，川壑靈奇之激情，抑或偶得驚座佳句，醒世名篇。

總之，亭小能挹翠，勢高可觀潮，登亭觀景，思緒迥然，因人而異。然垂釣於富河岸邊，小酌於農家火堂，其樂悠悠，豈不美哉！

壬辰冬月記之。

重建
吳王廟概述

徐富生　周耀華

　　蓋聞忠烈之士，必乃非常之人。甘寧一生馳騁疆場，臨危不懼，
忠君大業，視死如歸，誠當之無愧焉。甘寧，字興霸，巴郡臨江人。
少時足智多謀，苦練武藝，駕錦帆船於長江中流，行俠仗義，殺富濟
貧，疾惡如仇，安良除暴，是以威震江東，人皆愛戴焉。先投荊州，
後歸東吳。建安十三年（208 年）陳計於孫權，破黃祖，權授兵屯於
三江口；隨周瑜破曹兵於烏林，敗曹仁於南郡，大挫曹軍銳氣；在合
肥以百騎劫曹，歸來不損一兵一卒。驍勇善戰，號稱虎將，擢升提
督，後中蠻軍毒箭，到富池水溪旁拔箭身亡。烏鴉成群掩屍，啞啞如
泣狀，至今猶亦稱神。富池人民感其恩德，建祠祀之。甘寧生為豪
雄，死而為神，英靈不泯。在宋以霖雨顯，以靈卜顯，以陰兵儡金營
顯。最為著稱者，逆寇馬進屠蘄黃欲捲入興國，寧大顯神威，進懼謝
罪而去。寧諡號於宋，凡五增。封昭毅武惠遺愛靈顯王；明代改詔甘
寧祠。時勢所趨，驅神靈而縹緲；星移物換，嘆祠宇之摧頹。被單位

占用以來，來往遊人無處問津，已沉淪三十餘年矣。一九八三年富池鎮黨委政府及人民為加強文明建設，落實宗教政策和對甘寧忠列之遺念，決定在原址復修。當時規模雖小，但為此次擴大重修打下了基礎。一九九○六月破土動工，由於匠工努力奮戰，主持人之積極配合，廣大慈善者之解囊相助，集腋成裘，眾志成城，只短短數月便告竣工。誠然，無論時代如何變化，風雲如何變幻，尊重歷史上名人忠臣烈士，人民應肩負保護與發展的重任，使吳王廟在歷史風雨中依然屹立，更加雄偉。建好吳王廟，挖掘富池地區歷史內涵，既是富池地區人民願望，也是富池人民義不容辭的責任。廟頂雙龍戲球栩栩如生，琉璃碧瓦，翹角飛簷，相映成趣，蔚為壯觀，非一般廟宇所能及也。

富池
三月三廟會

陳新和

三月三，
上巳陽，
富池魚潑潑，
大嶺樹蒼蒼。
半壁風雲烈，
上巢牡丹芳。
清潔宜雅淨，
刮垢利安康。
善男衣夾克，
妙女著裙裝。
三牲牛羊豕，
一醴米稻粱。
鳴炮奏樂，

燃燭焚香。

恭王爺！請娘娘！

遊大街，過廣場；

設香案，拜吳王；

降陵墓，謝四方；

誦祭詞，慰忠良。

生死憂民命，

安危繫疆場。

折衝千里敵，

提督一桿槍。

聞聲蜀喪膽，

顧影魏斷腸。

秧歌舞，豐衣足食；

採蓮船，一唱三幫。

搶綵球，盼興旺；

食燴面，納吉祥。

遊園賞景，

問道求方。

育民昭孝，

強國安邦。

看如今，大企高效。

料來年，民富鎮強。

三月三
憶甘寧

趙海林

三月的風，
沿著萬里長江款款而來，
吹散了一春的陰霾，
吹醒了一個千古的傳奇。

三月三，
踏青的人們蜂擁來到你的像前，
響徹山谷濃煙，
驚飛一群棲息的黑鳥，
在你的身邊盤旋。

一個威猛的將軍，
一個跨越千年的身影，

在虔誠的祈禱聲中，
復活涅槃。
你忠勇無畏的品質，
你輕財厚士的性格，
深深烙進這片土地。

三月三，
春意滿富川。
眾人抬奉心中的英雄，
把福送到千家萬戶，
把春天灑滿人間。

三月三

楊　帆

三月三呐，
三月三，
草兒青青，
油菜花兒黃，
春風給田野披上七彩的衣裳。

三月三呐，
三月三，
河水清清，
魚兒悠悠，
嬉戲的柳樹兒笑彎了腰。

三月三呐，
三月三，

風兒輕輕，
雲兒淡淡，
啾啾叫的鳥兒漫天撒歡。

三月三吶，
三月三，
山路兒彎彎，
山歌兒串對串，
滿山的野花兒笑得最燦爛。

三月三吶，
三月三，
月兒彎彎，
船兒彎彎，
阿哥一槳一槳劃進妹心房。

青山不死

── 三月三，甘寧墓，廟會

賈道北

三月三的陽光，
在林間緩行。
萬人走過的墓地，
比天空還要寬敞。

當年在臨江的樹下，
小喬的眼裡桃花飄落，
野白鴿在最後的淚滴裡飛翔。
當你拔下額頭上的冷箭，
可曾想到千年之後的頌歌。

風，已經轉向，
休息吧，脫下征衣，

歷史與晴空一樣明了。
頭頂上的星辰紛紛墜落江中，
你的鮮血肥沃了他鄉的土壤。
回首處，關山月冷，
只有青峰才是你的，你的戟，
直指蒼穹。

富池三月三
廟會懷想

向精華

　　二○一二年三月二十四日，農曆三月初三，陽新縣富池鎮在甘寧公園舉辦緬懷三國時期吳國將軍、西陵太守甘寧的廟會。甘寧何其幸，長眠富池口，氣吞大江萬民頌。年年三月三，青山峽谷近，香火爆竹空悲切。

青山葬尊嚴

青山遠黛，
一墳塋，
一尊馬，
一片藍天。

三國歲月，
幾度狼煙，
魏伐蜀窺，
百姓苦。

烽火餘煙，
熔斷長江，
千帆暮影，
重重殺機。

西陵何辜，
橫馬富池口，
劍尖滴血，
江水不肯去。

青山啊，
夯實了尊嚴，
千年回眸，
萬民膜拜。

三月三傳奇

一杯酒、一炷香、一縷煙，
深情意切。青山不再，

繞水東流的傳奇，綻放在三月三。

走過青草地，不見桃花，
幾許蛙鳴，又是清明。
載不動的傳奇，定格在三月三。

何須擊水，忠勇還枯骨，
斷頭馬何處在？是否依然
昂立嘶鳴？富池口依舊在。

是將軍，還是馬？
鬆軟的江堤上泥濘難行。
馬已過江，但甘寧在。

附録

富池三月三廟會
傳承譜系

彭氏傳承譜系

	姓名	性別	出生年月	學歷	傳承方式	住址
第一代：	彭宗儉	男	1817.7	不詳	祖傳	富池鎮富池村
第二代：	彭祖裕	男	1848.9	私塾	祖傳	富池鎮富池村
第三代：	宋列臣	男	1892.6	私塾	祖傳	富池鎮富池村
第四代：	宋炳炎	男	1940.7	初中	祖傳	富池鎮富池村
第五代：	戴志宏	男	1958.7	高中	師傳	富池鎮富池村

柯氏傳承譜系

	姓名	性別	出生年月	學歷	傳承方式	住址
第一代：	柯柏美	男	1848.9	不詳	祖傳	富池鎮豐山村

	姓名	性別	出生年分	學歷	傳承方式	住址
第二代:	柯廷槐	男	1871.8	初中	祖傳	富池鎮豐山村
第三代:	柯海明	男	1890.6	初中	祖傳	富池鎮豐山村
第四代:	陳新和	男	1935.2	大專	祖傳	富池鎮金堡村
	柯先球	男	1945.8	初小	祖傳	富池鎮豐山村
	柯愛玉	男	1952.9	初中	師傳	富池鎮豐山村
第五代:	柯登景	男	1974.2	大專	師傳	富池鎮豐山村

成氏傳承譜系

	姓名	性別	出生年分	學歷	傳承方式	住址
第一代:	成安之	男	1920 年	私塾	祖傳	富池鎮老街
第二代:	成家振	男	1946 年	初中	祖傳	富池鎮郵局
第三代:	成淳德	男	1968 年	高中	祖傳	富池鎮郵局

尹氏傳承譜系

	姓名	性別	出生年分	學歷	傳承方式	住址
第一代:	尹勝海	男	1882 年			
第二代:	尹定齊	男	1910 年			
第三代:	尹合西	男	1936 年	初小	祖傳	富池鎮食品廠
第四代:	尹傳文	男	1958 年	初中	祖傳	富池鎮新街
	尹傳武	男	1960 年	初中	祖傳	富池鎮新街

金氏傳承譜系

	姓名	性別	出生年分	學歷	傳承方式	住址
第一代：	金德庸	男	1935 年	高中	祖傳	富池鎮新街
第二代：	金惠元	男	1947 年	小學	祖傳	富池電影公司
第三代：	金 斌	男	1969 年	高中	祖傳	富池電影公司

戴氏傳承譜系

	姓名	性別	出生年分	住址
第四代：	熊應華	男	1951 年	通山九宮鎮彭家壟村
	陳開念	男	1959 年	通山九宮鎮彭家壟村

當前重要傳承人

一、富池三月三製作齋麵代表性傳承人名單

姓名	性別	出生年分	姓名	性別	出生年份
蘆鳳香	女	1925 年	黃芝蘭	女	1940 年
錢愛枝	女	1943 年	王菊花	女	1946 年
張銀花	女	1946 年	田水珍	女	1947 年
袁七妹	女	1947 年	甘風英	女	1950 年
柯龍英	女	1950 年	吳春嬌	女	1952 年

湯桂香 女	1953 年	葉國平 女	1953 年
柯幸福 女	1954 年	桂習花 女	1955 年
柯美金 女	1955 年	張春娥 女	1955 年
程冬香 女	1959 年	葉 妹 女	1963 年
胡秋花 女	1964 年		

二、三月三廟會吳王廟代表性傳承人名單

姓名	性別	出生年分	學歷	住址
陳新和	男	1935 年	大專	富池鎮
釋法友	男	1939 年	初小	富池鎮
宋炳炎	男	1940 年	初中	富池鎮
陳世松	男	1941 年	初小	富池鎮

姓名	性別	出生年分	學歷	住址
張云娥	女	1942 年	初小	富池鎮
柯愛玉	女	1952 年	初小	富池鎮
戴志宏	男	1958 年	大專	富池鎮
郭三友	男	1976 年	初小	富池鎮

三、三月三廟會拋綵球代表性傳承人名單

	姓名	性別	出生年分	姓名	性別	出生年分
第一代：	周愛玉	女	1919 年			
第二代：	金花錢	女	1935 年			
第三代：	劉桃花	女	1956 年			
第四代：	蘆鳳香	女	1925 年	桂伯梅	女	1940 年

黃貴云	女	1943 年	柯蘭香	女	1946 年
張印秀	女	1946 年	馮先枝	女	1947 年
柯珍珠	女	1947 年	陳金榮	女	1950 年
戴秋英	女	1950 年	柯美金	女	1952 年
胡秋花	女	1953 年	葉國平	女	1953 年
徐純雨	女	1954 年	柯美發	女	1955 年
劉秋梅	女	1955 年	吳春嬌	女	1955 年
葉忠友	女	1959 年	張來娣	女	1959 年
王 香	女	1963 年	樂玉英	女	1964 年
周慶文	女	1964 年			

四、三月三廟會吳王、娘娘抬轎遊春近三年傳承人名單

姓名	性別	出生年分	姓名	性別	出生年分
周仙妹	女	1925 年	戴仙娥	女	1940 年
吳良正	男	1940 年	郭桂花	女	1943 年
周美嬌	女	1943 年	曹金秀	女	1946 年
李民銀	女	1946 年	柯愛玉	女	1946 年

姓名	性別	出生年分	姓名	性別	出生年分
宋金英	女	1946 年	張風娥	女	1946 年
郭三友	男	1947 年	劉小梅	女	1947 年
汪玉竹	女	1947 年	劉 梅	女	1950 年
柯美金	男	1950 年	柯於良	男	1950 年
胡幫球	男	1952 年	何年華	男	1952 年
張應山	男	1952 年	陳新宇	男	1953 年

田水珍	女	1953 年	王習花	女	1954 年
週會兵	男	1954 年	黃桂云	男	1955 年
黃太秋	男	1955 年	胡水華	男	1955 年
呂　國	男	1955 年	汪玉菜	女	1955 年
章細菊	女	1955 年	柯少江	男	1959 年
雷水花	女	1959 年	周平之	男	1959 年
陳貴容	男	1963 年	費平花	女	1963 年
柯美發	男	1963 年	馮迎貴	男	1964 年
黃治松	男	1964 年	吳良正	男	1964 年

當代主要
傳承人簡介

一、市級傳承人

　　宋炳炎，男，一九四〇年七月出生，初中文化，富池鎮人，從小受家庭薰陶，在一九四八年即八歲時，在祖父宋列臣、叔公彭慶齡、徐禮生的帶引下開始接觸「王爺掃墓」活動。他對於整個三月三廟會活動的吳王廟祭拜法事、神像洗濯更衣、抬神像巡遊、踏青遊園、搶綵球祈福、祭掃甘寧墓、唱大戲（民間歌舞表演），普施齋飯（享用甘泉）七大系列儀式都非常熟悉，一直在傳承。到「文革」時期，中斷了將近十五年。改革開放以後，繼續開展廟會活動，從一九九四年開始每年都一直大力組織開展「三月三廟會」活動，特別是二〇一二年的「三月三廟會」活動開展得非常好，被湖北省人民政府、文化廳授予「三月三廟會」「省級」非遺名錄。宋炳炎有門生兩位：第一位是戴志宏，長期工作在富池鎮文化站，多年來，廣泛向富池「三月三」廟會的老年傳承人學習了解廟會的各方面知識，並積極參與此活

動的組織，推動廟會活動的恢復和開展，是重要的傳承人之一；第二位是郭三友，在富池鎮城管執法大隊工作。富池廣大群眾一致推薦傳承人宋炳炎為「三月三王爺遊春掃墓」總指揮。

戴志宏，男，富池鎮人，一九五八年七月二十九日出生，一九七六年畢業於富池高中，然後在富池村知青點工作二年，一九七九年在陽新採茶戲劇團工作，一九八三年至今在陽新富池鎮文化站工作，是富池「三月三」廟會重要的傳承人之一。

多年來，他廣泛向富池「三月三」廟會的老年傳承人學習了解廟會的各方面知識，不斷提高組織能力和有關技藝，更好地組織開展了廟會活動，而且使廟會的活動規模和影響力越來越大。二○一○年，富池「三月三」廟會被黃石市評為市級「非遺」名錄，二○一一年，富池「三月三」廟會被湖北省評為省級「非遺」名錄。

在組織開展廟會工作的過程中，戴志宏不斷提高自身能力，對現有老年傳承人進行保護，特別是加強對高齡傳承人的重點保護，並傳授門生近三百人，重點培植年輕的活動傳承人，已培養出二十個重要骨幹。

為了進一步保護傳承富池「三月三」廟會，近年來，戴志宏積極向富池政府和有關單位反映，爭取到了政策上的支持，向企業員工和社會人士宣傳，爭取到了資金上的支持，使甘寧公園的條件更加完善，環境更加優美。節日期間，他經常組織隊伍將廟會中特有的民俗舞蹈《拋綵球》展示給群眾，既渲染了節日氣氛，又提高了廟會的影

響力。

二、縣級傳承人

　　柯愛玉，女，出生於一九五二年十一月二十一日，自一九九八年退休在家後，為了自己身體健康，每天早晨到甘寧公園鍛鍊，做健身操，打太極拳，後來參加的人越來越多，組建成富池中老年藝術團，大家就選她為這支隊伍的領頭人。有組織地學習打腰鼓，學跳舞，學打太極拳，學大型採茶戲。

　　一九九九年柯愛玉第一次參加吳王廟活動，表演了打腰鼓和舞蹈，深受富池群眾的喜愛，富池多年失傳的腰鼓又重現了，富池的文化又活躍起來了。當時只有二十八個隊員，後來很多人都來報名參加，又增加了秧歌隊，總人數達到八十七人，這支隊伍是廟會歷年活動的骨幹隊伍。

　　自一九九九年以來到現在，柯愛玉每年「三月三」都要參加活動，組織隊伍迎接吳王出行遊春，在甘寧公園戲臺上表演腰鼓和舞蹈節目，她組織的節目非常精彩，她們表演的節目有打腰鼓、威風鑼鼓、軍鼓。為迎合廟會搶球，她還特地編排了民俗舞蹈《拋綵球》，非常受歡迎。二〇一三年，在陽新大型活動表演時獲一等獎。

三、主要傳承人

陳新和，男，出生於一九三五年二月二十四日亥時，是湖北省陽新縣富池鎮金堡村人。大專文化（1960年畢業於武昌醫專），陳新和讀了幾年私塾，對文史、詩詞有所偏愛。一九九五年退休後，被鎮政府選調參與創建甘寧公園並主持日常工作，遷建甘寧墓（仿清墓），豎五門牌坊，新建二龍潭，塑製甘寧像，建挹翠亭等多個景點。他對甘將軍資料的收集與研究，是從一九九五年開始的，甘將軍在他心中的印象，一是偉大，二是神奇。他父母為人虔誠，新中國成立前，每逢初一、十五這兩天，母親領著他到龍王廟（在金堡村）、吳王廟及甘寧墓，焚香鳴炮，下跪叩頭，那時只是驚奇而已。他的祖父愛看《三國志》，常於閒暇之時，便要為他唱一段（即朗讀《三國志》），這時的他便似有所悟。他的師友，特別是本村的徐富生老人（已去世）及金德揚老中醫（已去世），生前對他傳授甚多，如甘寧、陳光亨等清官、英雄的事蹟。借此機會向他們表示深深的敬意。

附詩二首：

謝　　詞

慢待將軍愧不仁，周公憤筆譴桐民。

今人欲改前人過，遷墓編書謝虎臣。

「非遺」頌

泱泱古國五千年，歷歷「非遺」代代傳。
探賾甘寧興霸業，渾將大愛武詩篇。

柯先球，富池鎮人，一九四五年出生，其父親柯海明婚後在三月三廟會搶得一紅球，生下了他，取名柯先球，隨後搶得第二個紅球和第三個紅球，生下二子取名柯二球和柯三球，因此，他們全家對廟會活動十分信仰和支持，並長期參加此活動。他是廟會活動的重要傳承人。

富池三月三廟會代表性資料、實物

吳王廟

　　大雄寶殿　王爺殿　觀音殿　鐘樓　鼓樓　天王殿　一百二十座塑像　書籍二〇五〇本　坐椅四十五套

甘寧公園

　　甘寧公園門樓　雙龍池　甘寧提督塑像　戲臺　甘寧寺　法師樓　居士樓　三聖殿　甘寧墓　挹翠亭　攬勝亭　山神廟　桂花園　甘泉　楠竹苑　法師塔　石獅一對

非遺保護
隊伍建設

　　目前，陽新縣非物質文化遺產保護中心專職從事項目保護工作的人員有五人。

　　羅曉華（非保中心主任），全面負責非物質文化遺產保護工作，制訂保護計劃，做好項目管理、傳承人保護工作。

　　劉　江（中級職稱），負責組織協調、宣傳推廣工作。

　　尹海霞（館員職稱），負責項目挖掘、研究和資料整理工作。

　　劉純娥（中級職稱），負責文件、函件、校對、檔案管理工作。

　　汪曉娟（中級職稱），負責攝影、攝像、資料收集工作。

傳承活動
的場所

1. 甘寧公園

甘寧公園，坐落在湖北省陽新縣富池鎮西南，與街區相連，處富（池）豐（山）公路東側，小嶺山北麓，面積五百餘畝，其中森林面積四百二十餘畝，是為紀念三國時期東吳大將甘寧而建。

甘寧在吳黃武元年（222 年），與蜀軍作戰，不幸陣亡。百姓感其惠愛與恩澤，厚葬於富池東南昌二華里軍山北麓。經歷朝加修，墓地氣勢恢弘，環境清幽，來往高宦名賢，無不拜祭。「文革」期間，甘寧墓被毀。一九八五年，富池鎮政府興建甘寧公園，並將甘寧墓遷至園內，其氣勢不減原墓之恢弘。

甘寧公園處於大嶺山的谷地，東西南三面環山，北面的谷口即是公園的入口。一座高大宏偉的仿古牌樓上刻著「甘寧公園」四個金字，熠熠生輝。

進園門約百米處，有一「雙龍騰躍」大水池，再前行數十米又有一五畝大小的蓮花池。離此前行百米處，屹立著高達五米的甘寧塑像，英姿威武，栩栩如生，令人肅然起敬。繞過塑像，有一天然景觀——甘泉。傳說常飲甘泉水，可使人耳聰目明，又可健體強身，故亦稱「聰明泉」。甘寧墓坐落在塑像後二百米處，為公園的主體建築。墓的東北面是十畝桂花園，西南面是十畝竹園，相互輝映，景色秀麗。墓高二米，周長六米。墓前矗立著仿古六柱青石牌坊，雄偉壯麗；周邊青石圍壁上的石刻書畫，蔚為大觀。每逢農曆三月初三前後，來自鄂贛兩省鄰近縣市的朝拜者或遊覽觀光客絡繹不絕。

　　遊興之餘，觀賞一下香火裊裊的小廟、鄉土濃郁的小山洞，也不失調節情趣的好景點；再沿鋪設了鵝卵石的逶迤山徑而上，可到左右山巔的望江亭、挹翠亭。盛夏季節，南風吹拂，蒼松翠杉，此起彼伏，涼爽宜人。憑欄遠眺，那浩瀚長江，奔騰東去；湖光山色，美不勝收。

2. 甘寧墓

　　甘寧墓位於陽新縣富池鎮半壁山，臨江而立，背倚軍山。占地六十六點七公頃，其中森林面積五十三點三六公頃，為三國時期吳國西陵太守甘寧之墓，是由當地政府籌資易地修復的，因原墓於「文革」期間遭破壞。園內山壑縱橫，四季常青，東北有十畝桂園，西南為十畝竹圍，甘寧墓坐落其中，墓高二米，周長六米，墓前矗立著仿古天柱石坊，大雅壯觀，石坊前有天然「甘泉」。

3. 吳王廟

吳王廟是昭勇祠的俗稱。位於富池口江濱老街中段，面對長江黃龍洲上的卷雪樓，此江流之中的古樓臺內也供有甘寧塑像，顯示了江關鎮神之意。而卷雪樓之名取自蘇軾「卷起千堆雪」，與西邊不遠處「亂石穿空」「楚江鎖鑰」的半壁山相對，與「三江口」、「拔箭港」等地名一起，寓示赤壁之戰曾在此處。廟對長江有八十九級臺階，山門是雕花石枋，左門牆有「護國」，右門牆有「佑民」雕字。主祠有前殿、後殿，由左右兩排廂樓相連，背後建有旌教祠。並設有酒務廨。前殿供祀兩人高的甘寧像，甘寧順佑夫人像，兩邊是二子紹威侯、紹靈侯和女兒柔懿夫人像。御賜匾額「靈鎮江關」懸於正堂。兩廂左邊有六個徒手天王，右邊是馬童牽馬的程公臺像。後殿有甘寧與夫人坐椅行像，旁邊有轎子。原廟號稱有房一〇八間，在「文革」期間皆毀壞，一九八三年當地在原址復修昭勇祠。近年來，在傳承人宋炳炎、桂等姝等人的努力下，富池鎮重建和擴建了該廟。從無到有，從小到大，吳王廟目前占地面積一千五百多平方米，建築面積達三千一百平方米。

4. 戲臺

富池甘寧公園中現有戲臺，是仿甘寧墓原址旁古戲臺而建的。據說那個古戲臺也是甘寧駐軍富池口，操練水軍時的演兵臺。甘寧去世之後，逐漸演變為古戲臺。

有一種說法是，自從演兵臺成為古戲臺之後，凡漢口、九江、通山等地路過富池口的戲班子，都必須在富池口義演三夜戲。那樣日後

的行程才會安全順利；否則，定會出現挫折，甚至災難。故而此後凡水路路過富池的客、貨船隻，都要到甘寧墓前祭奠，以求好運。

自從富池口演兵臺成為古戲臺之後，富池地區文化活動異常活躍，楚劇、漢劇、採茶戲、花鼓戲、黃梅戲及武穴的文曲戲，經常在這裡上演，富池無疑成為一個名副其實的「戲窩子」，有著極為重要的社會地位。也是由於富池地處長江之濱，南來北往人流頻繁，其文化多元交會之勢不可阻擋，故而陽新採茶戲在江西採茶戲的基礎上，兼收並蓄，吸收了許多兄弟劇種的有益成分，成為了採茶戲的又一枝新秀。

如今，甘寧墓前依然建有一個戲臺，每到節慶日子，富池地區群眾自發組織演出。尤其是農曆三月初三，更是人山人海，熱鬧非凡。當然，今日的甘寧公園戲臺不再是南來北往的藝術團隊展演的場所了，但相對於其他地方的廟會，卻又多了一分文化元素。

項目
保護計劃

一、已採取的保護措施與取得的成效

1. 二〇〇六年富池鎮政府出臺了《關於確定富池三月三廟會傳承保護基地的通知》（富政辦發〔2006〕19 號）。

2. 二〇一〇至二〇一三年，每年都召開了兩次代表性傳承人座談會和「富池三月三廟會」研討會，為代表性傳承人發放了生活補貼。

3. 二〇一〇年至二〇一三年舉辦包括扎綵球的手工藝展覽，並邀請著名藝人現場展示其手工技藝。

4. 二〇一二年富池鎮政府出臺了《關於成立富池三月三廟會民俗研究會的通知》（富政辦發〔2012〕17 號）。

5. 二〇一二年出臺了《陽新縣非物質文化遺產代表性傳承人認定與管理辦法》（陽文體文〔2012〕49 號）。

6. 二〇一二年出臺了《陽新縣非物質文化遺產項目代表性傳承人管理辦法和獎懲制度》（陽文體文〔2012〕50 號）。

7. 二〇一二年陽新縣政府將非物質文化遺產保護工作納入對鄉鎮及有關部門考核的內容。

8. 二〇一三年縣文體局劃撥五萬元給傳承基地，用於開展宣傳、展示和傳承活動。

9. 二〇一三年成立一個有專家指導的，以縣長為組長的「富池三月三廟會保護領導小組」。

10. 二〇一三年陽新非保中心成為單獨機構，正式定編人員六人，專門從事非物質文化遺產保護工作。

11. 二〇一三年，陽新縣富池鎮政府出資三萬元，陽新非保中心編寫了《富池三月三廟會》一書，並準備出版。

二、五年保護計劃的主要內容

1. 再次全面普查，通過收集、記錄、分類、編目等方式建立較為完整的檔案，確認新一批縣級以上代表性傳承人。

2. 對保護對象用文字、錄音、錄像數字化多媒體等手段進行全

面、真實、系統的記錄，並收集有關實物資料，建立較為規範的電子化數據庫。

3. 通過開展廟會活動和在陽新藝術學院開設民俗專業知識普及課程，培養青少年繼承傳統祭祀習俗的興趣，使廟會後繼有人。

4. 在利用非物質文化遺產展覽廳、吳王廟、戲臺和傳承保護基地開展宣傳展示工作的同時，加強在省、市縣電視臺和報刊的宣傳工作，加深公眾對民俗的了解和認識，促進社會文化共享。

5. 加大對傳承人和傳習場所的保護力度，增加傳承人補貼、提高對身懷絕技的老藝人傳承的積極性，發揮他們「傳幫帶」作用，使廟會得到更好的傳承和發展。

6. 加強保護隊伍建設，組織民俗專家參與每年廟會活動現場觀摩與傳承人一起開展專業性研討活動，出版研究成果。

三、保護內容

1. 保護廟會傳承人，確立新的一批縣級傳承人，建立「傳幫帶」。

2. 建立富池三月三廟會傳承基地。

3. 加強宣傳和研究工作，設立研究機構，保護活動場所。

4. 制定完善的非物質遺產保護法律法規。

5. 建立廟會檔案資料數據庫。

四、二〇一四至二〇一八年分年實施計劃

（一）二〇一四年保護措施

1. 全面普查調查、保護老藝人。

2. 開展廟會一年一次的廟會活動、宣傳展示活動。

3. 收集、整理廟會資料，學習扎綵球等傳統手工技藝。建立完整的檔案，確立新一批傳承人。《富池三月三廟會》在「省級非遺系列叢書」中出版。

（二）二〇一五年保護措施

1. 重制紅石斷頭臥地馬，安放兩塊圓形青石，寓意是「陰陽和合，國泰民安」。

2. 開展一年一次的廟會活動、宣傳展示活動。

3. 恢復清代甘寧墓原貌。

（三）二〇一六年保護措施

1. 繼續開展一年一次的廟會活動、宣傳展示活動。

2. 加強資料、實物收集、整理、保存和研究工作。

3. 建成規範的數字化保護電子數據庫，以便更好開展宣傳展示工作。

（四）二〇一七年保護措施

1. 繼續開展一年一次的廟會活動、宣傳展示活動。

2. 利用展覽、觀摩、專業性研討等形式，促進社會力量參與保護，使廟會民俗活動後繼有人。

（五）二〇一八年保護措施

完成《富池三月三廟會》民俗活動教材編寫。廟會走進富池學校課堂，陽新藝術學校設立民俗專業，專業教授「富池三月三廟會」傳統祭祀習俗儀式和扎綵球手工技藝。

五、保障措施

1. 成立一個有專家指導的，以縣長為組長的「富池三月三廟會保護領導小組」（已成立並開始工作）。

2. 成立獨立的非物質文化遺產保護機構，負責富池三月三廟會全面保護計劃和實施（已成立並開始工作）。

3. 陽新縣委、縣政府將富池三月三廟會的傳承與保護列入每年的政府工作計劃。

4. 陽新縣政府加大資金投入，地方財政增加保護資金預算，建立有效的資金保障機制。

明文庫·悅讀中國 A0607025

富池三月三廟會

編	陽新非物質文化遺產保護中心
權策畫	李煥芹
行 人	陳滿銘
經 理	梁錦興
編 輯	陳滿銘
總編輯	張晏瑞
輯 所	萬卷樓圖書股份有限公司
版	菩薩蠻數位文化有限公司
刷	百通科技股份有限公司
面設計	菩薩蠻數位文化有限公司

版 昌明文化有限公司
園市龜山區中原街 32 號
話 (02)23216565

行 萬卷樓圖書股份有限公司
北市羅斯福路二段 41 號 6 樓之 3
話 (02)23216565
真 (02)23218698
郵 SERVICE@WANJUAN.COM.TW

陸經銷 廈門外圖臺灣書店有限公司
電郵 JKB188@188.COM

BN 978-986-496-511-3
19 年 3 月初版
價：新臺幣 260 元

如何購買本書：

1. 轉帳購書，請透過以下帳戶
   合作金庫銀行 古亭分行
   戶名：萬卷樓圖書股份有限公司
   帳號：0877717092596

2. 網路購書，請透過萬卷樓網站
   網址 WWW.WANJUAN.COM.TW

大量購書，請直接聯繫我們，將有專人為您服務。客服：(02)23216565 分機 610

如有缺頁、破損或裝訂錯誤，請寄回更換

國家圖書館出版品預行編目資料

富池三月三廟會 / 陽新非物質文化遺產保護中心主編.-- 初版.-- 桃園市：昌明文化出版；臺北市：萬卷樓發行, 2019.03
　面；　公分
ISBN 978-986-496-511-3(平裝)
1.廟會 2.風俗 3.湖北省
538.8225   108003232